Swear Words Coloring Book

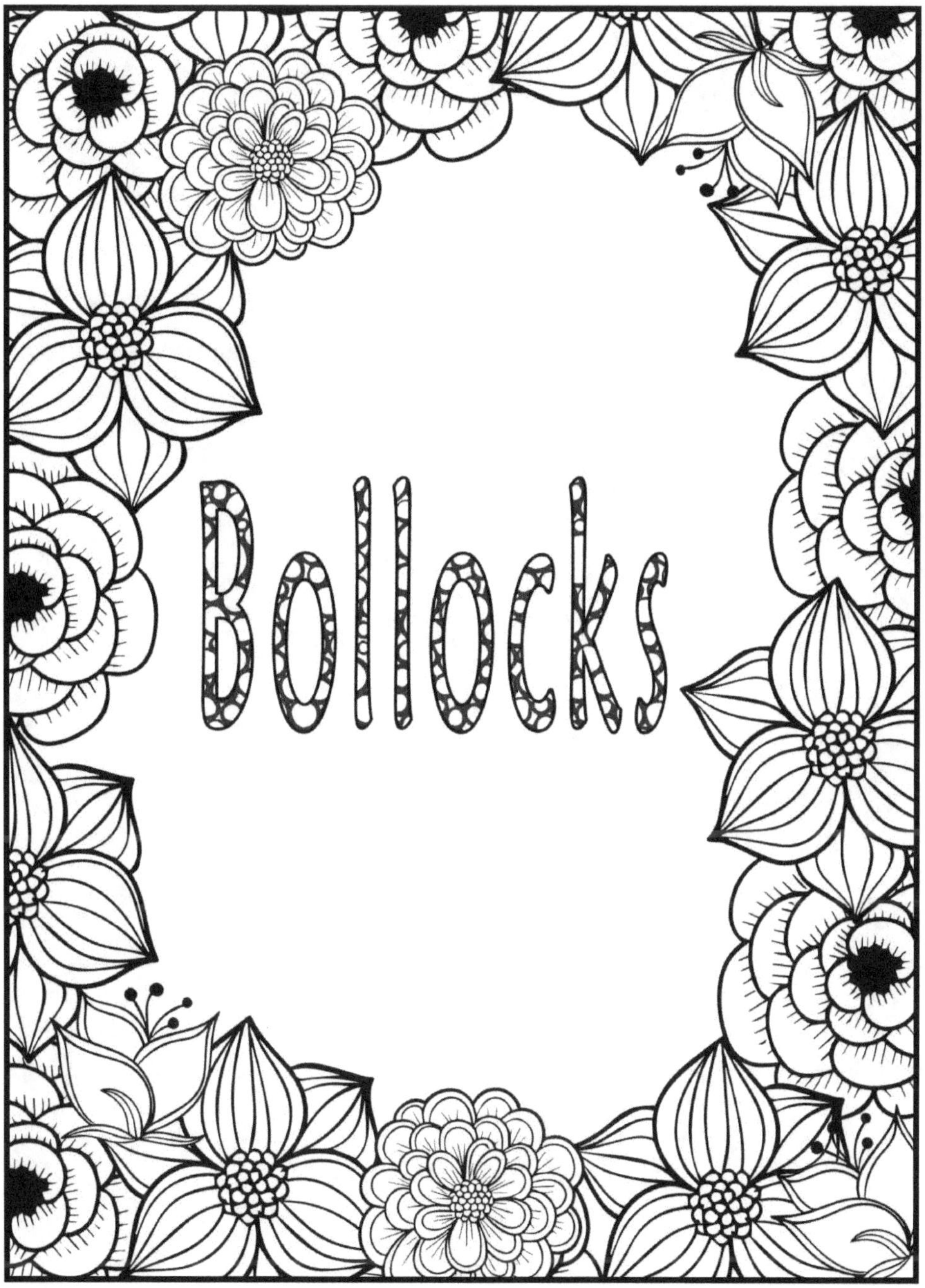

Bollocks

Adults Coloring Book With Some <u>Very Sweary</u> Words

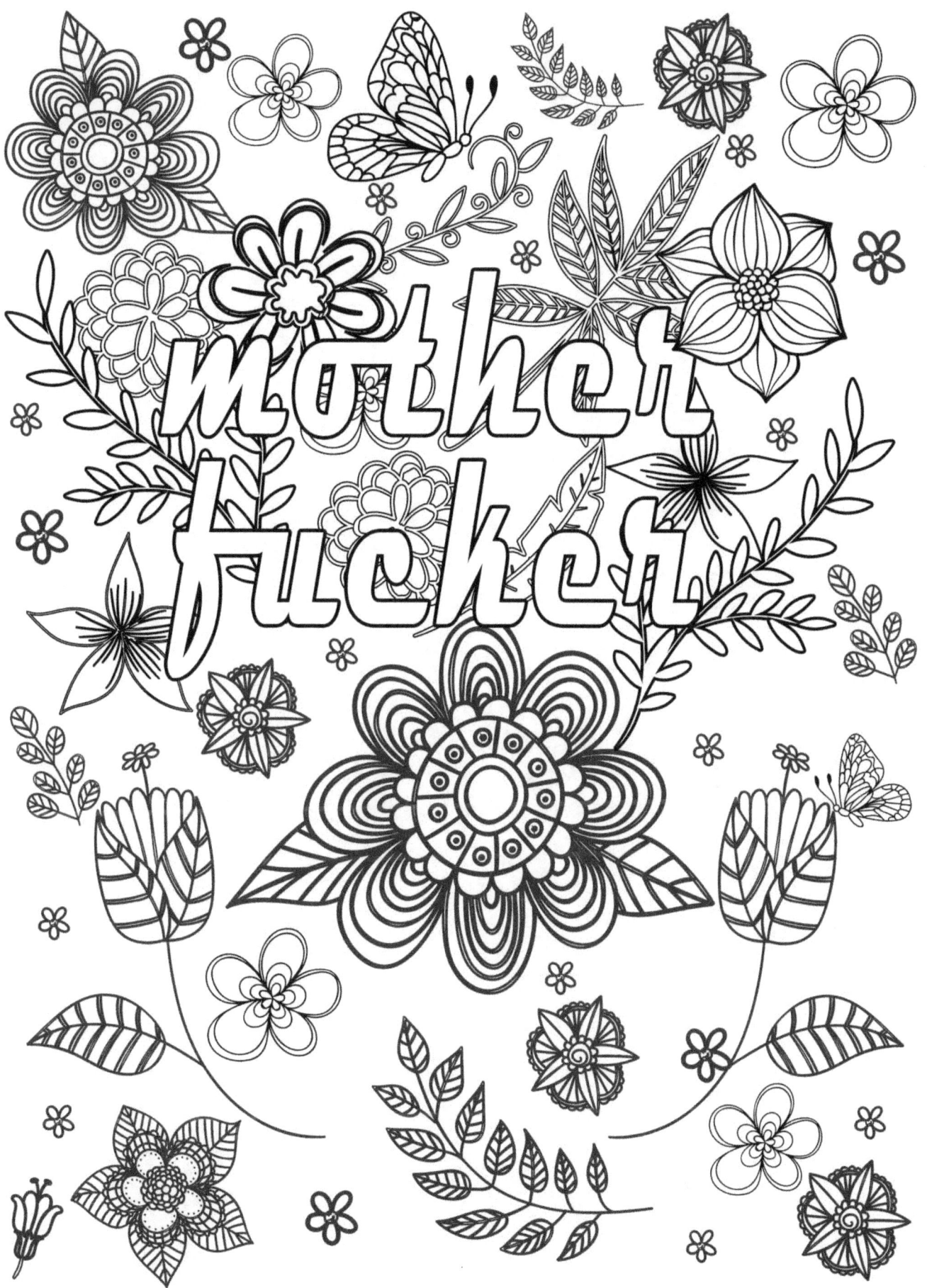

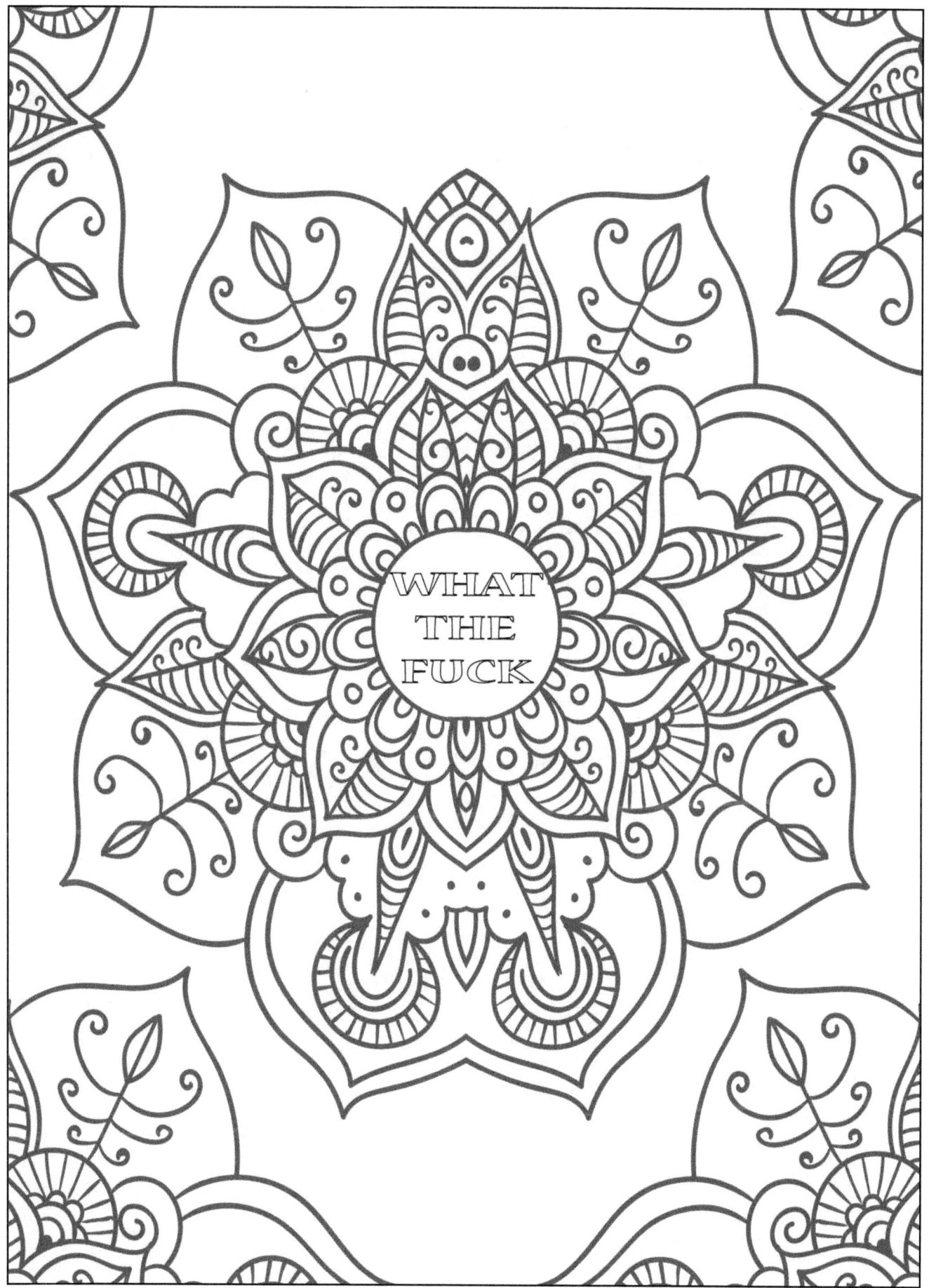

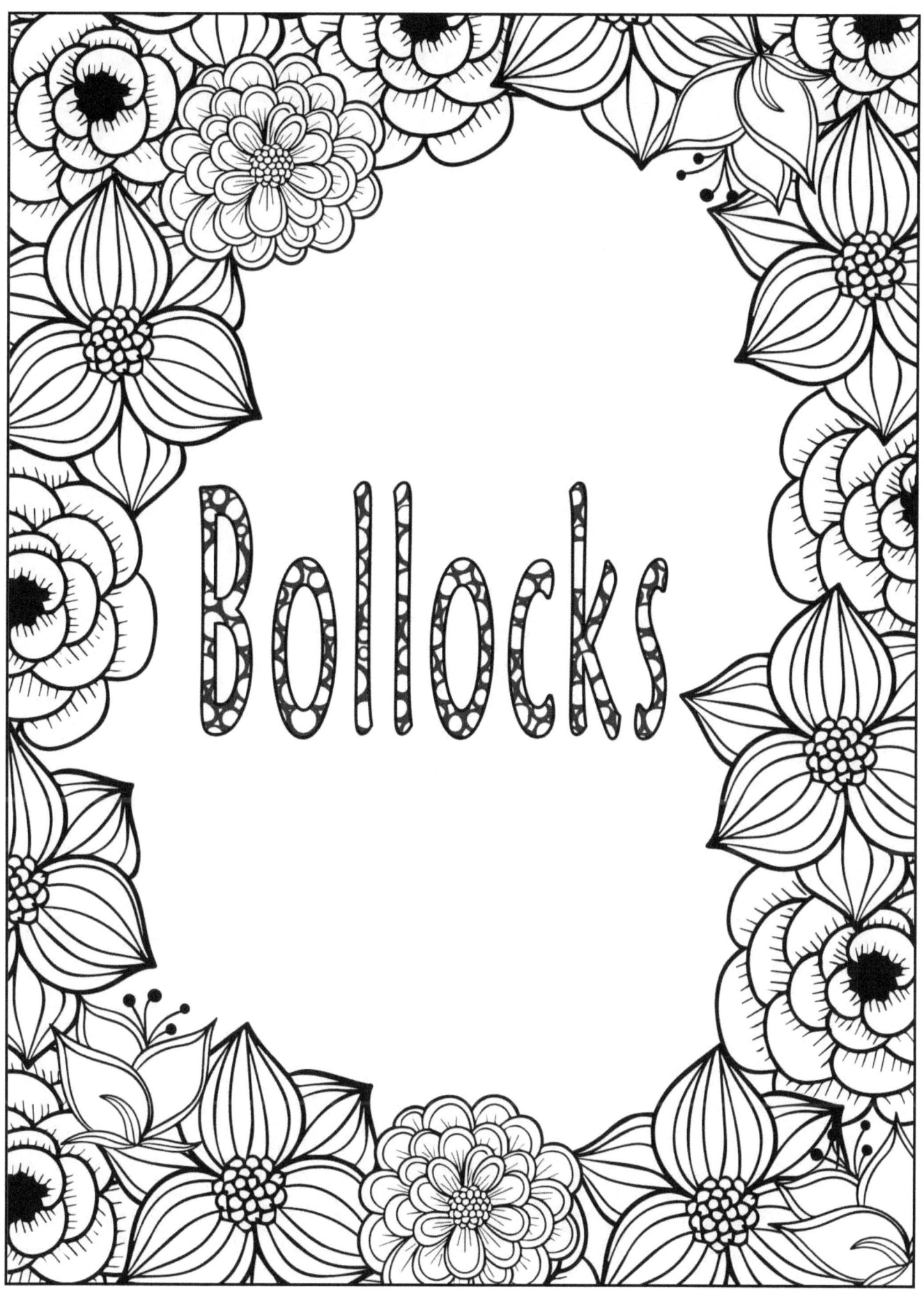

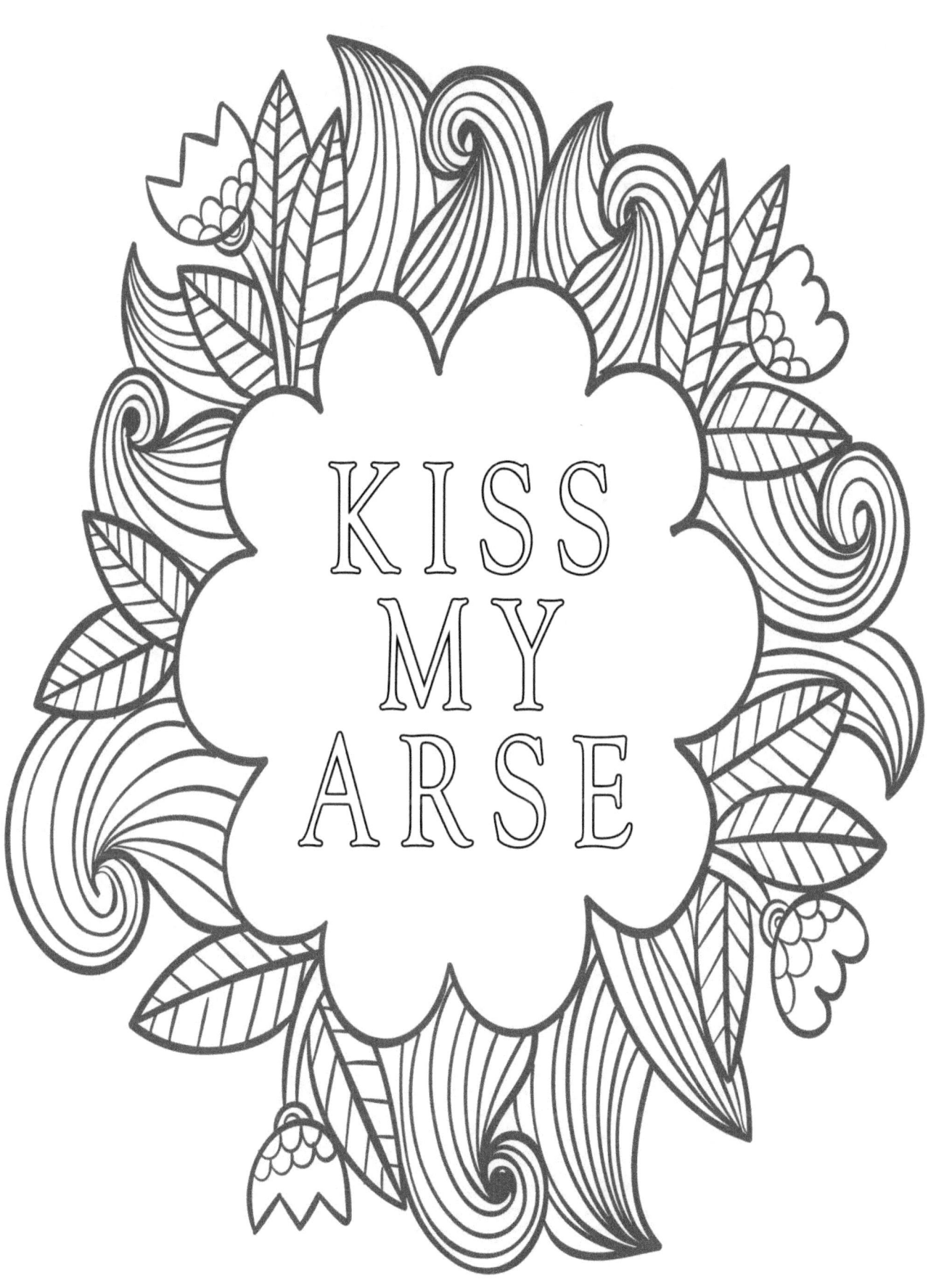

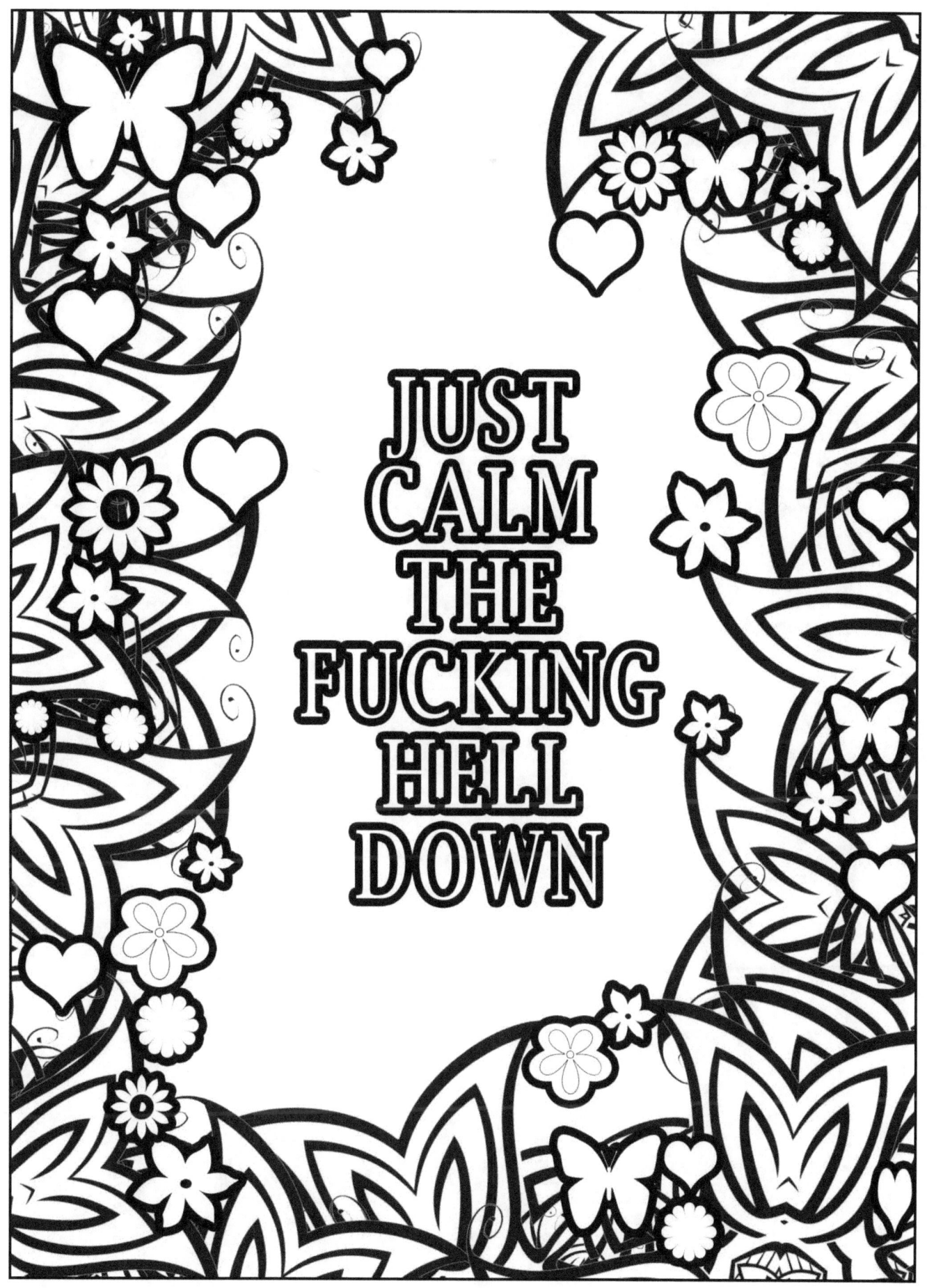

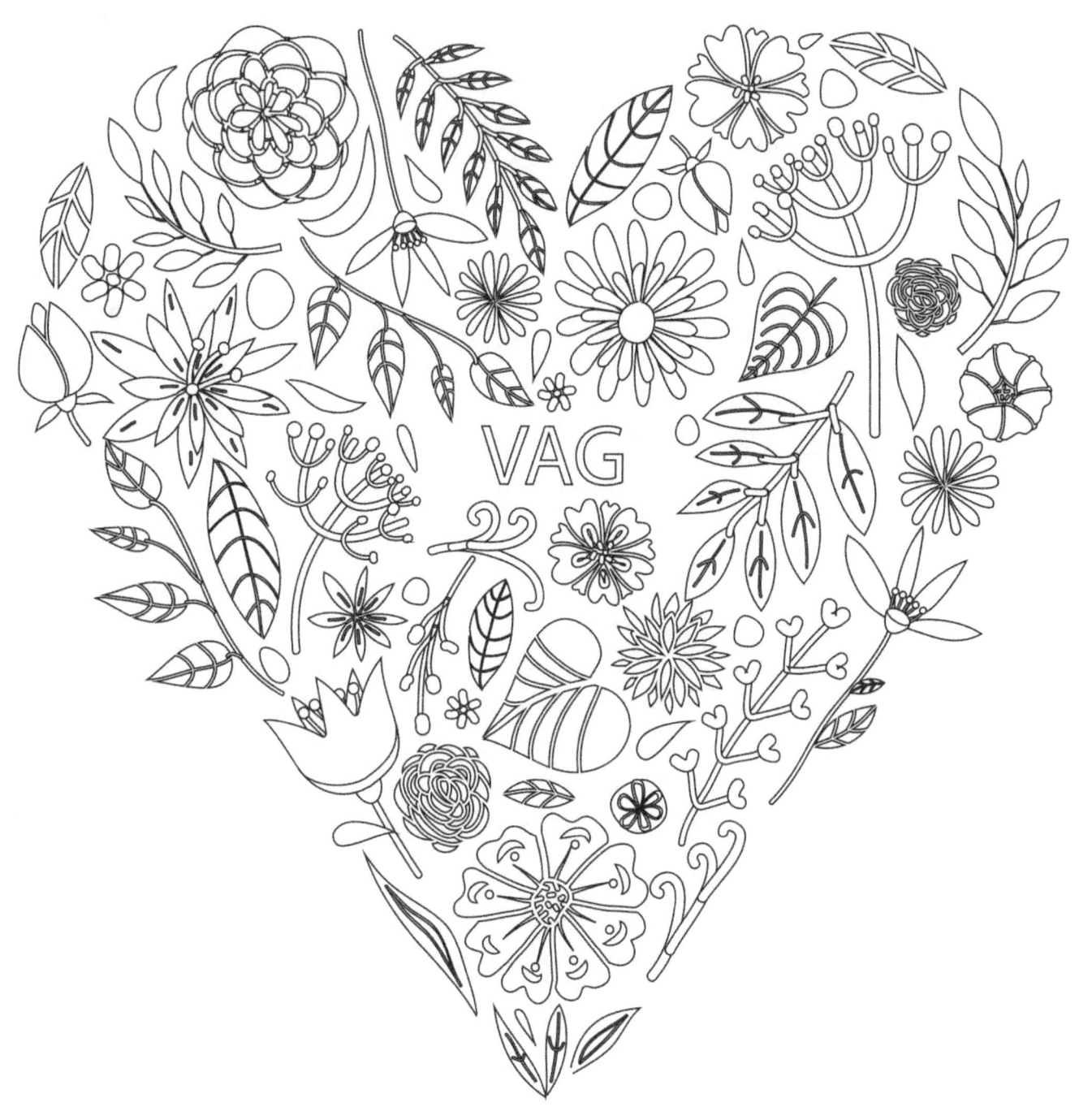

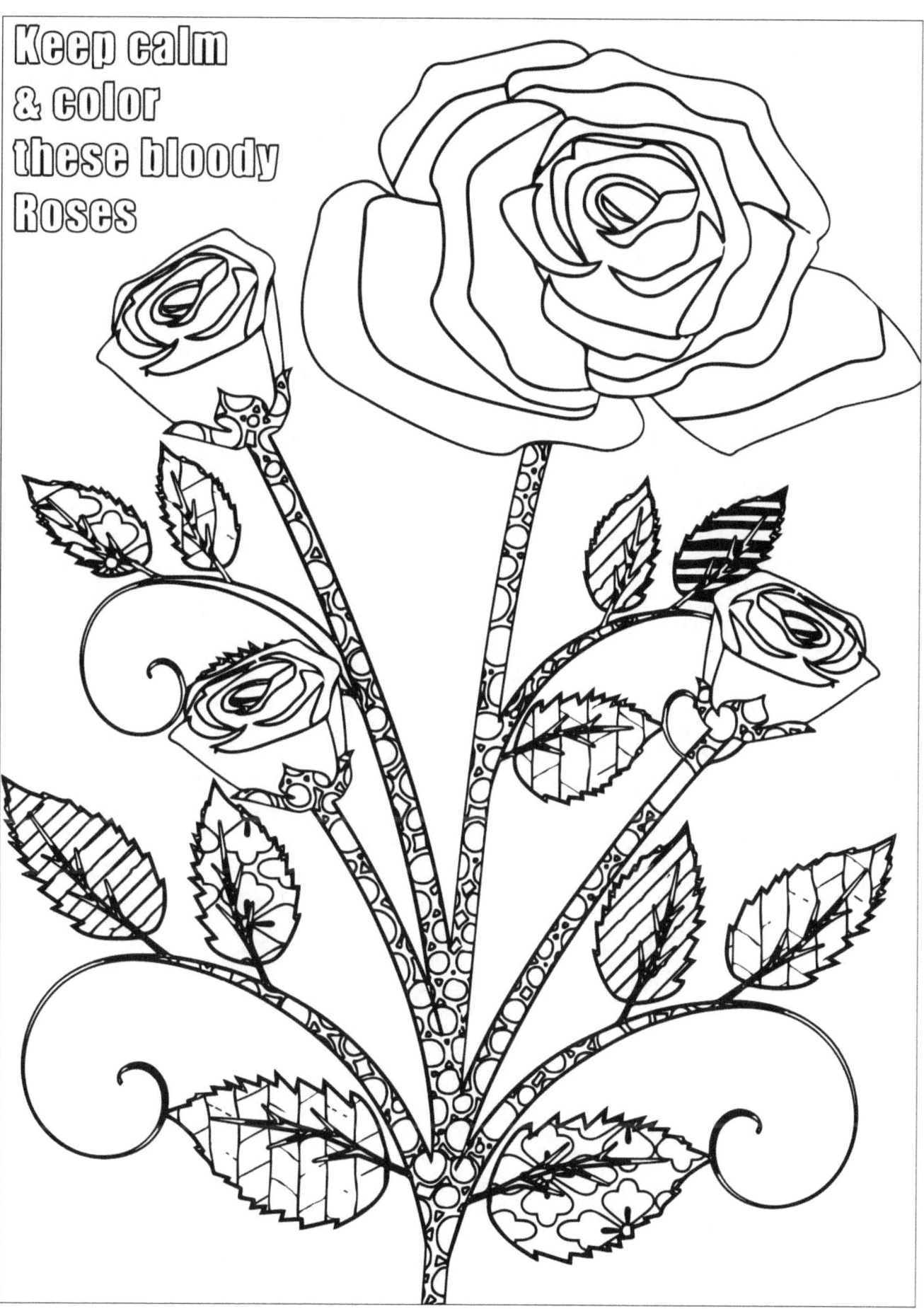

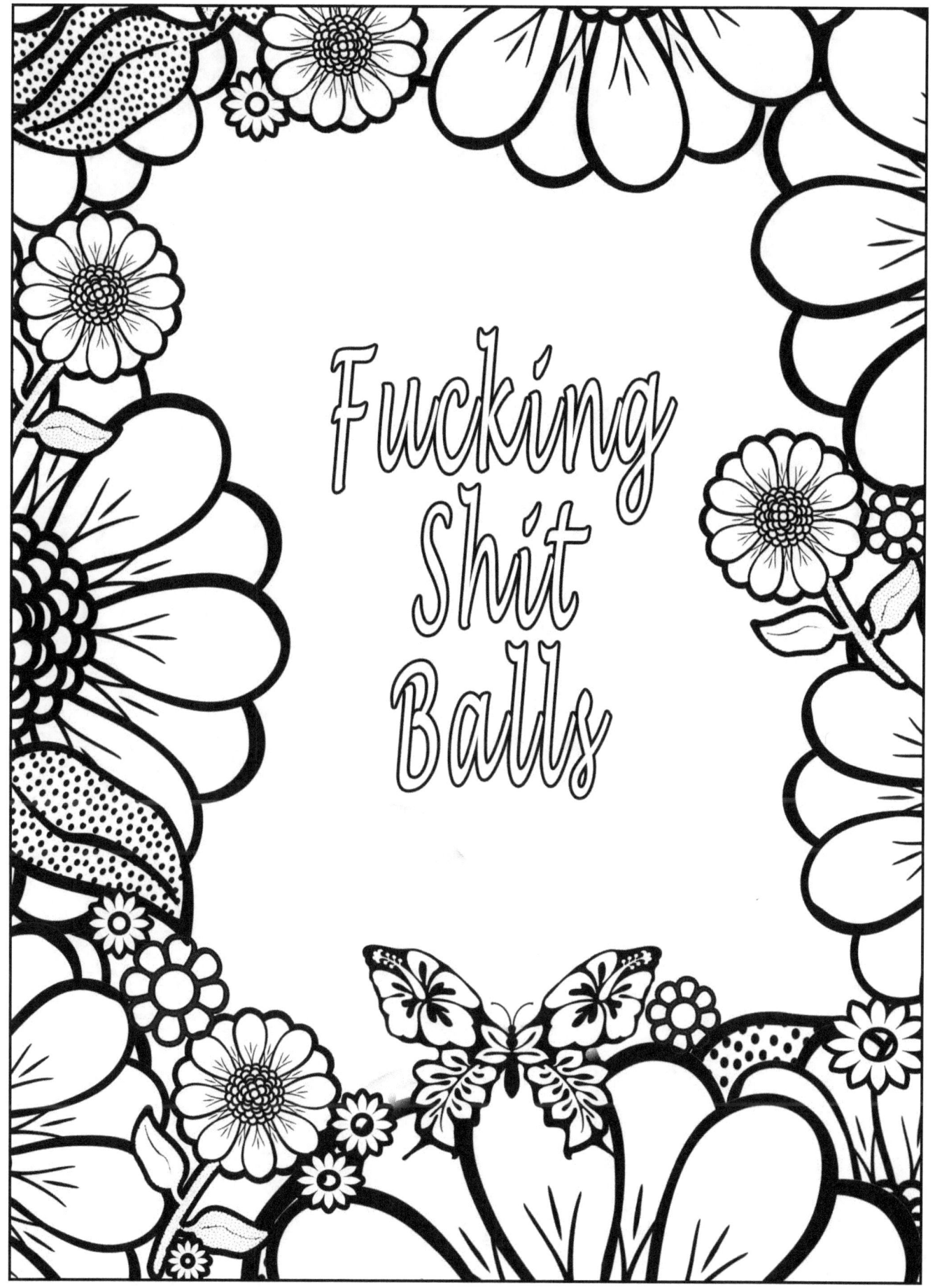

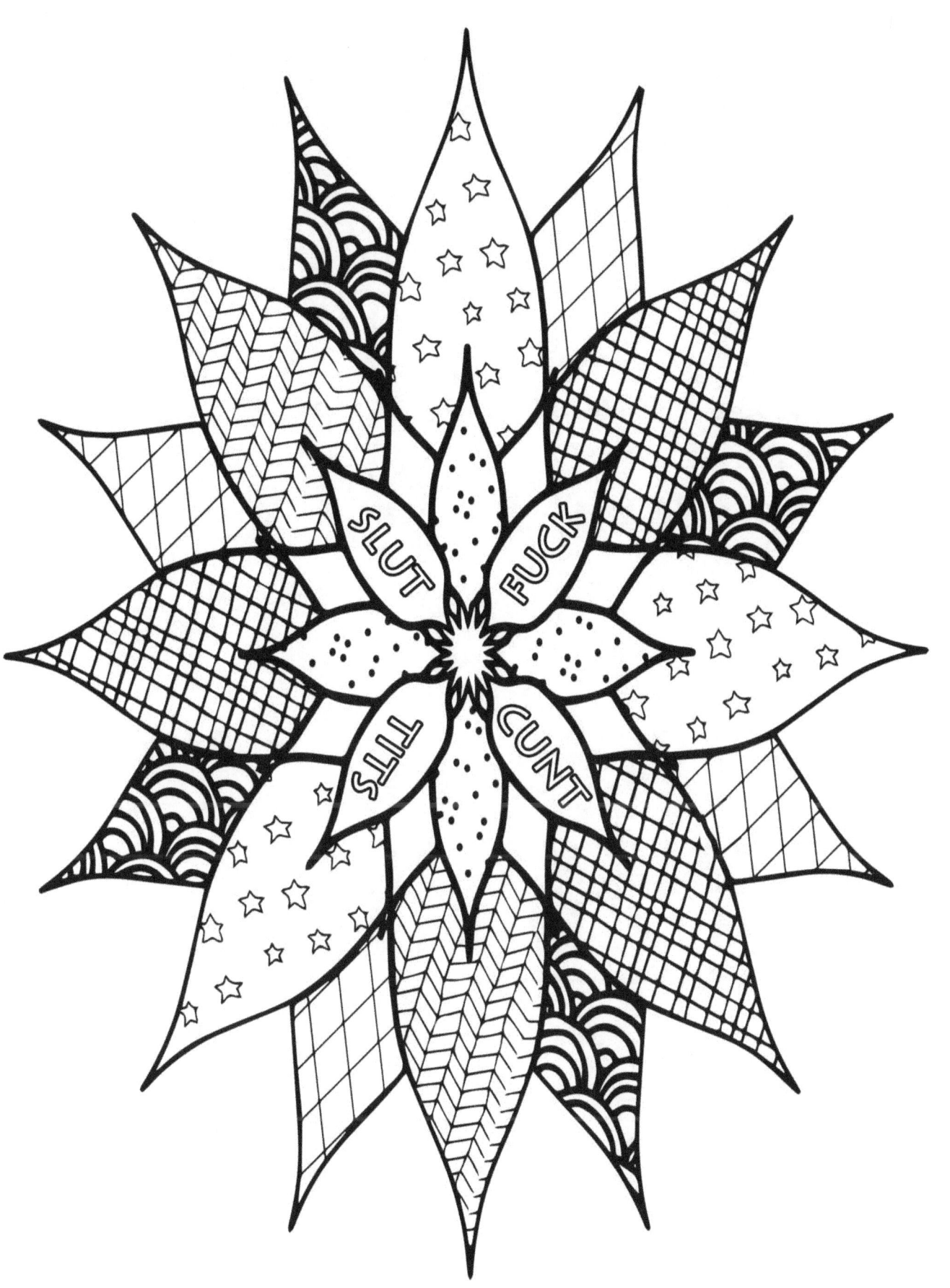

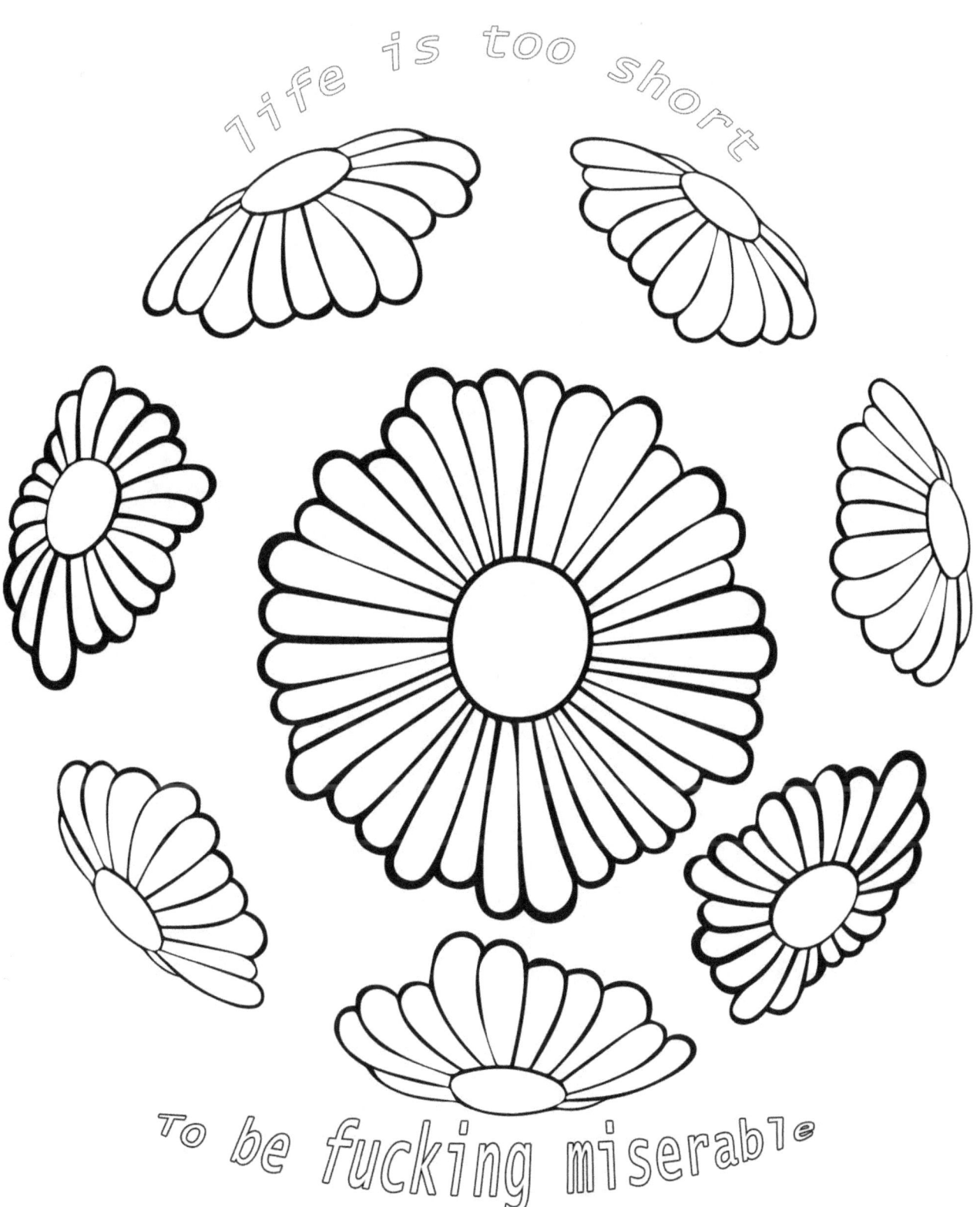

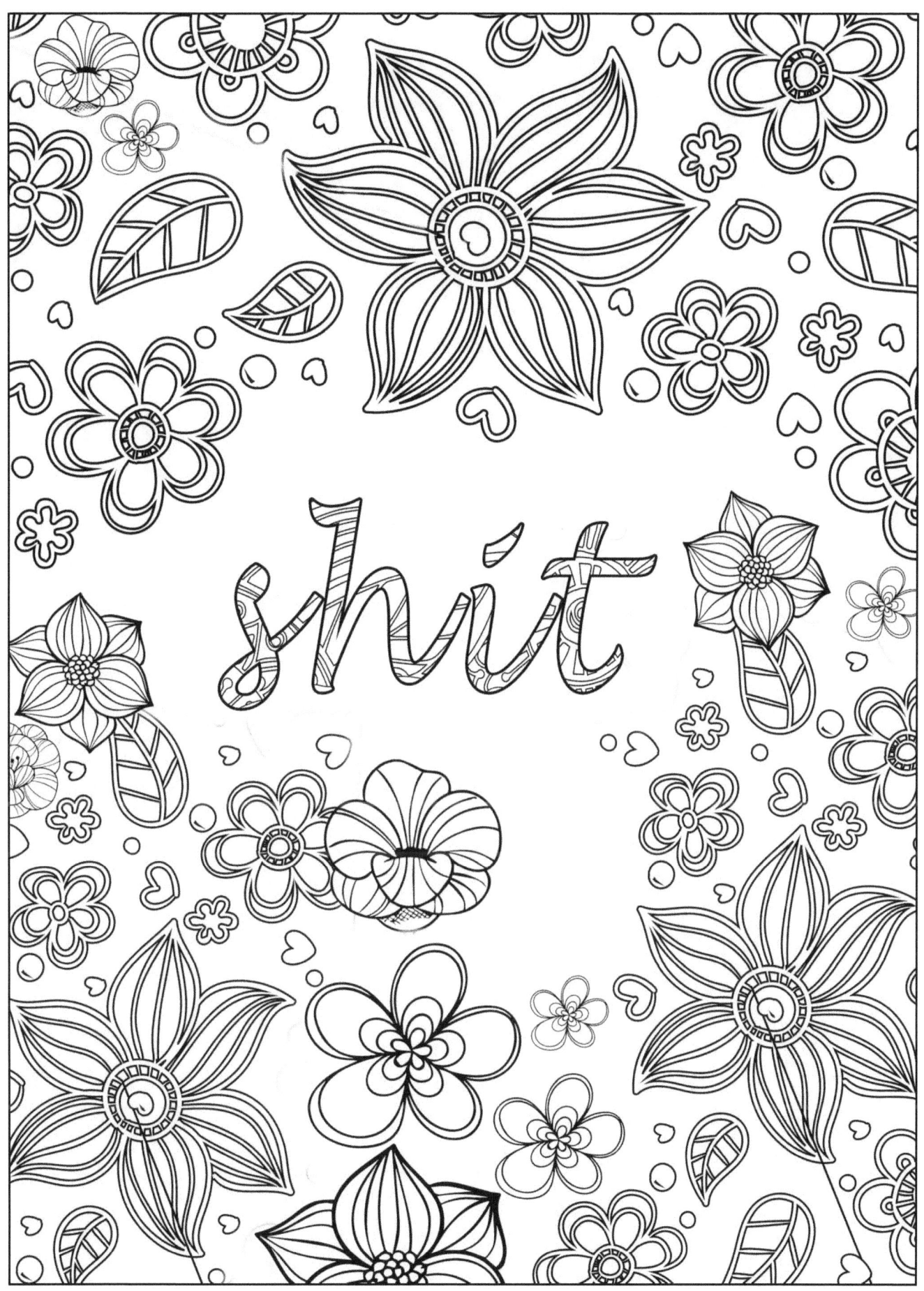

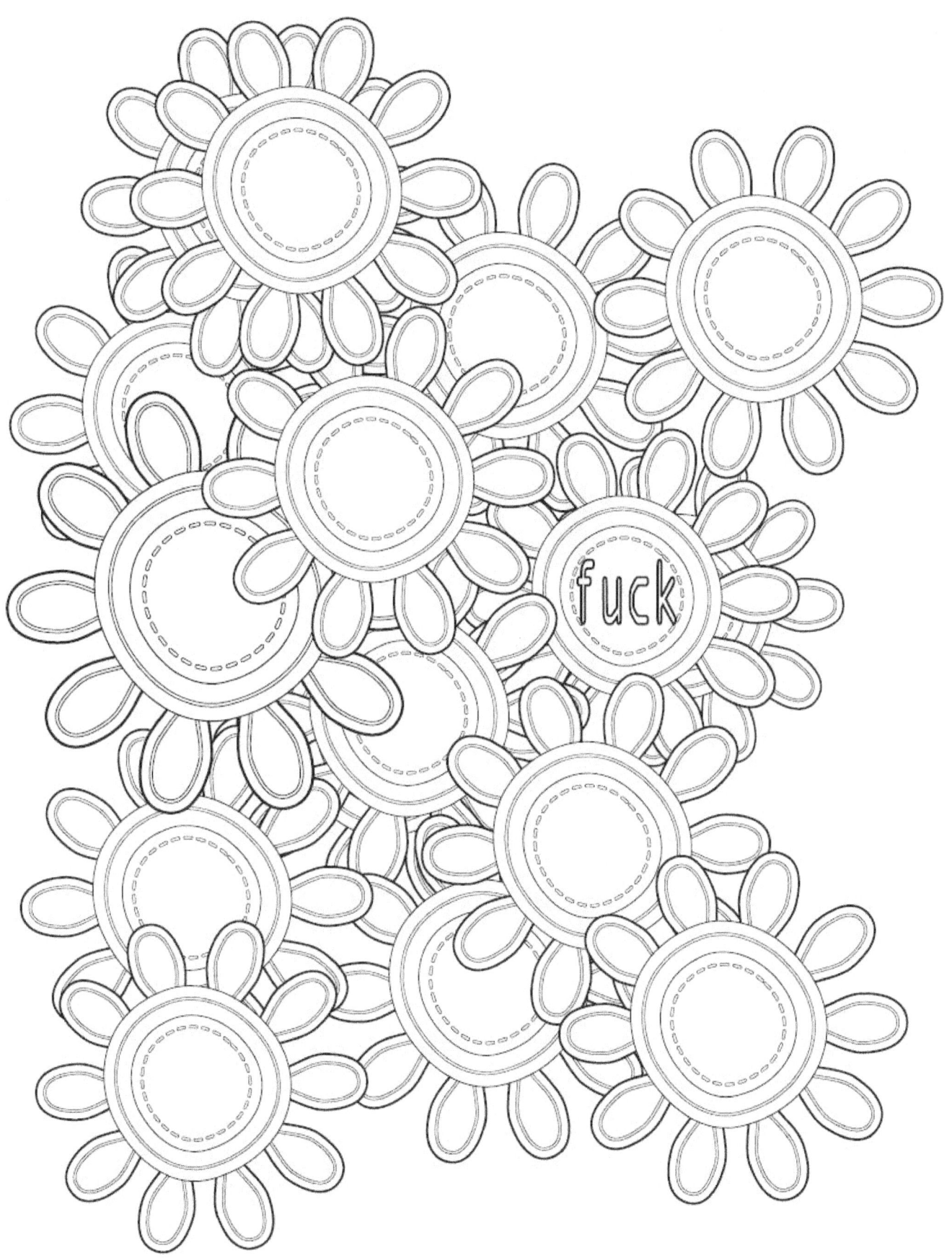

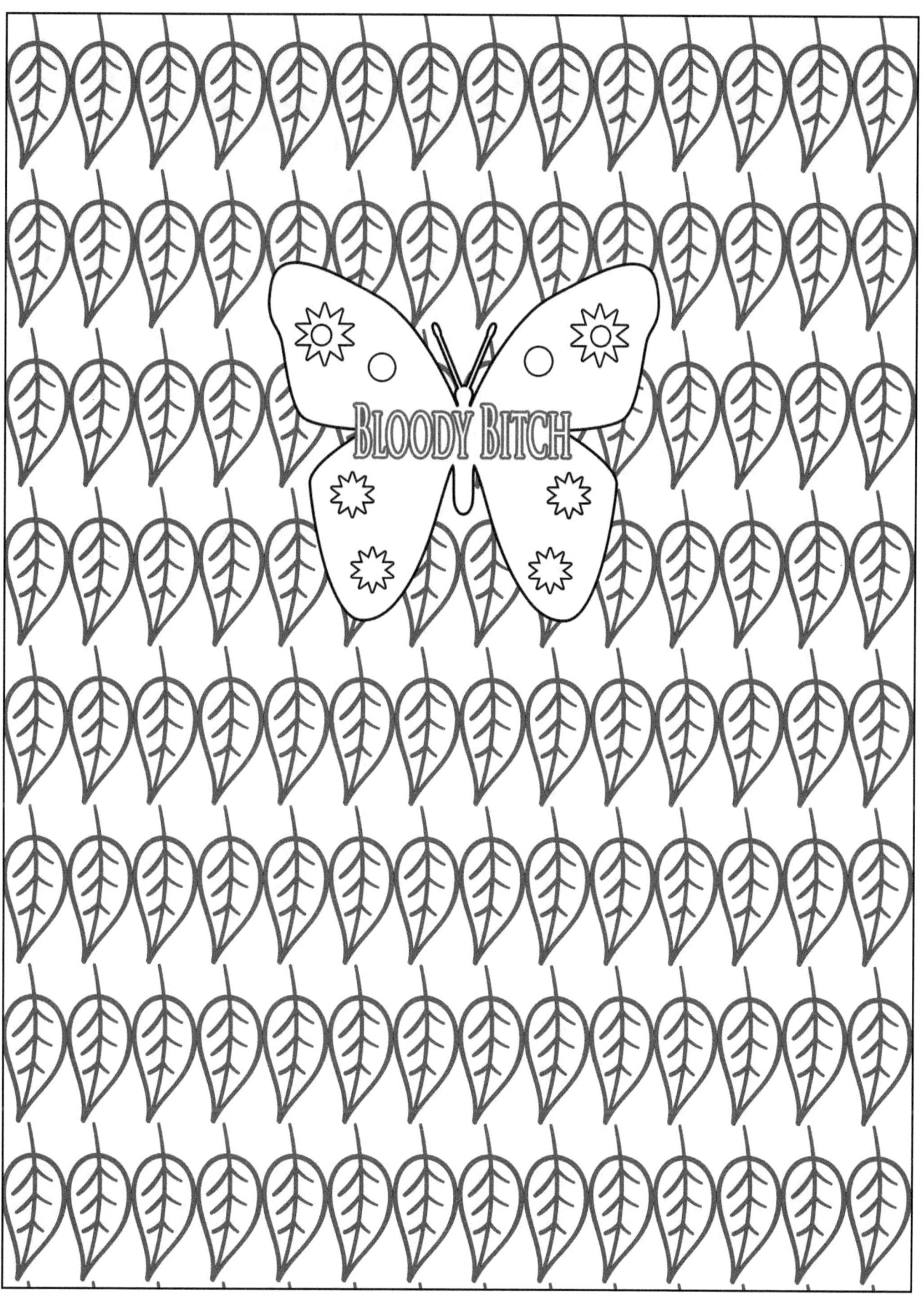

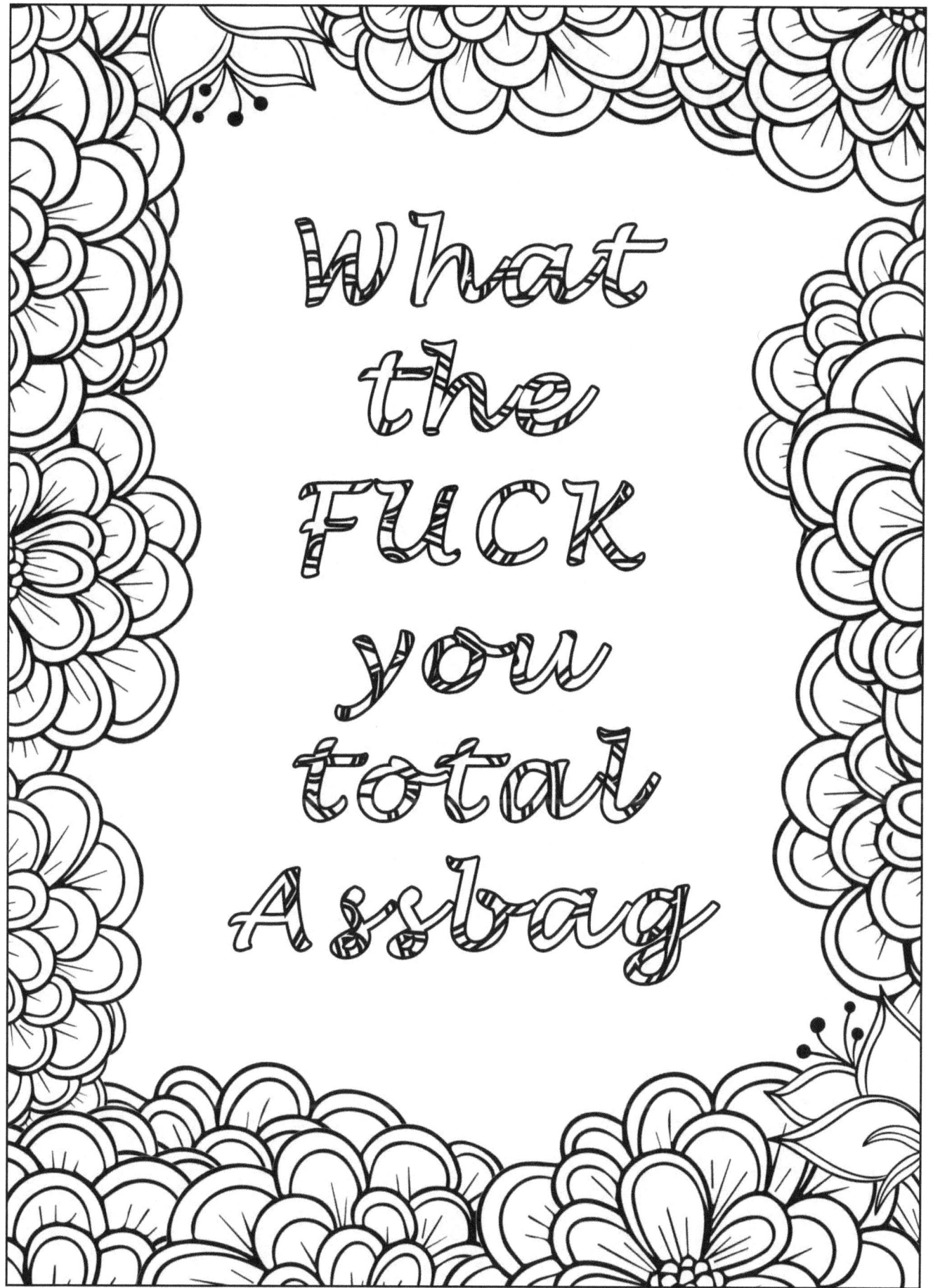

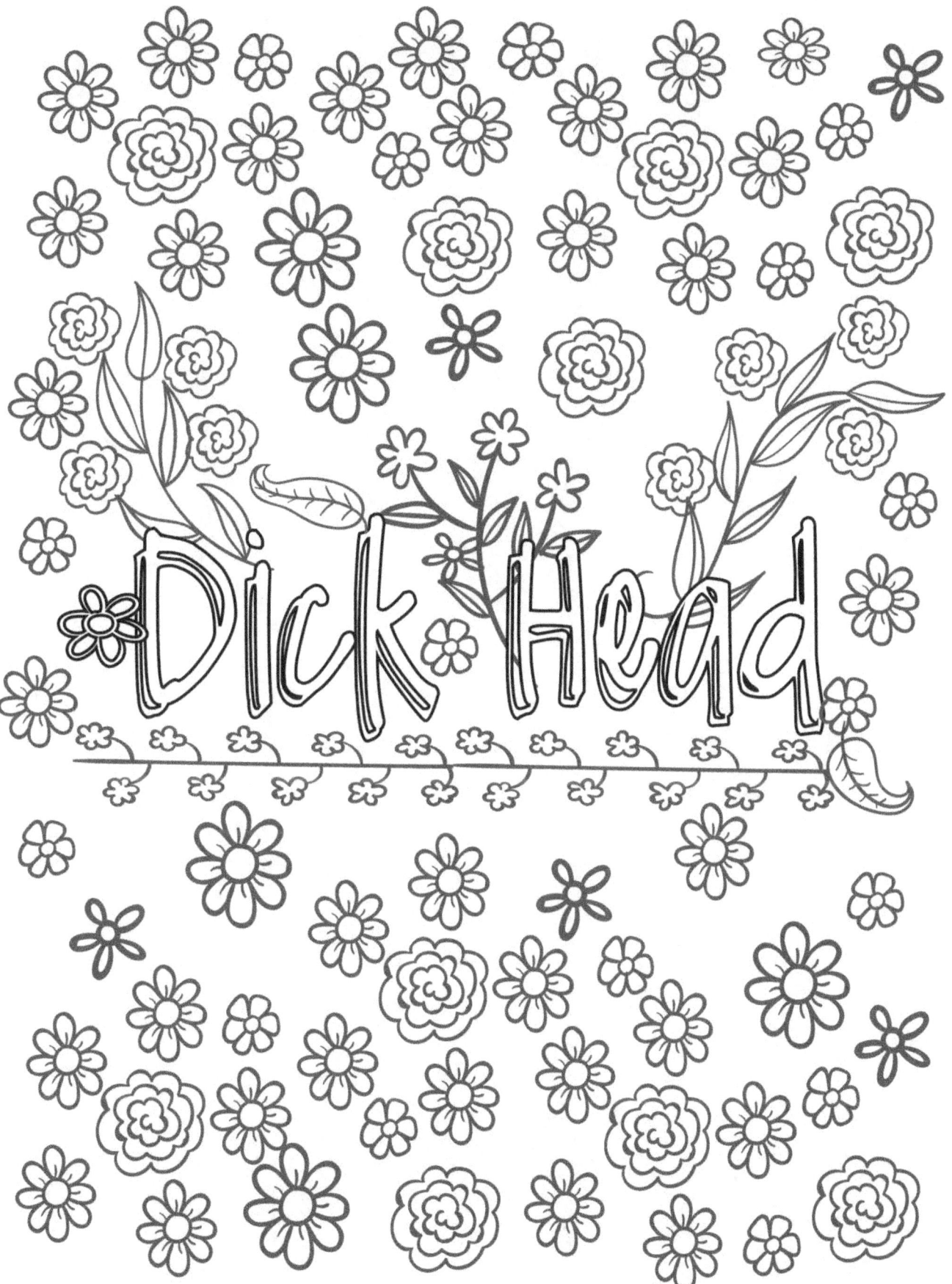

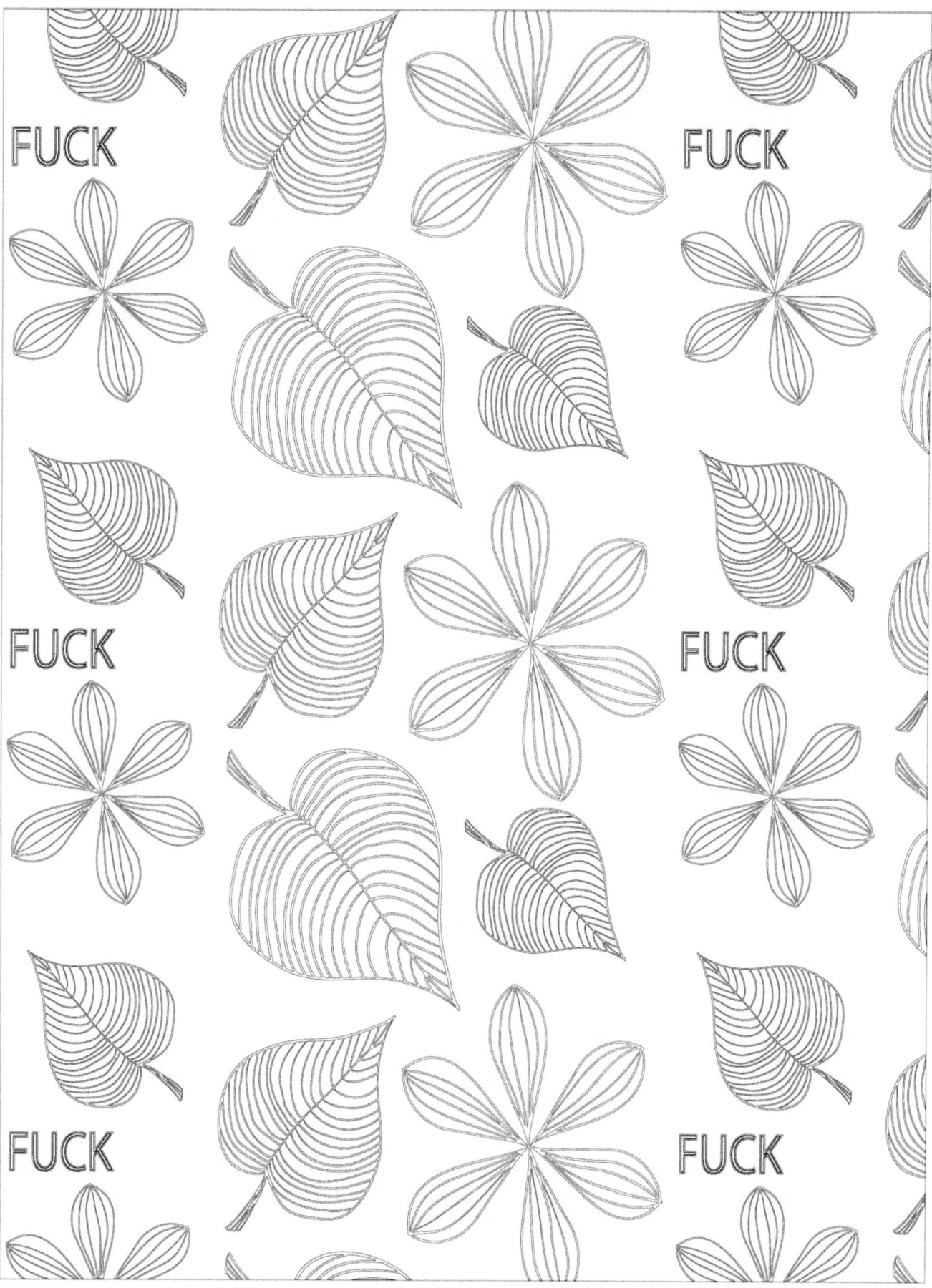

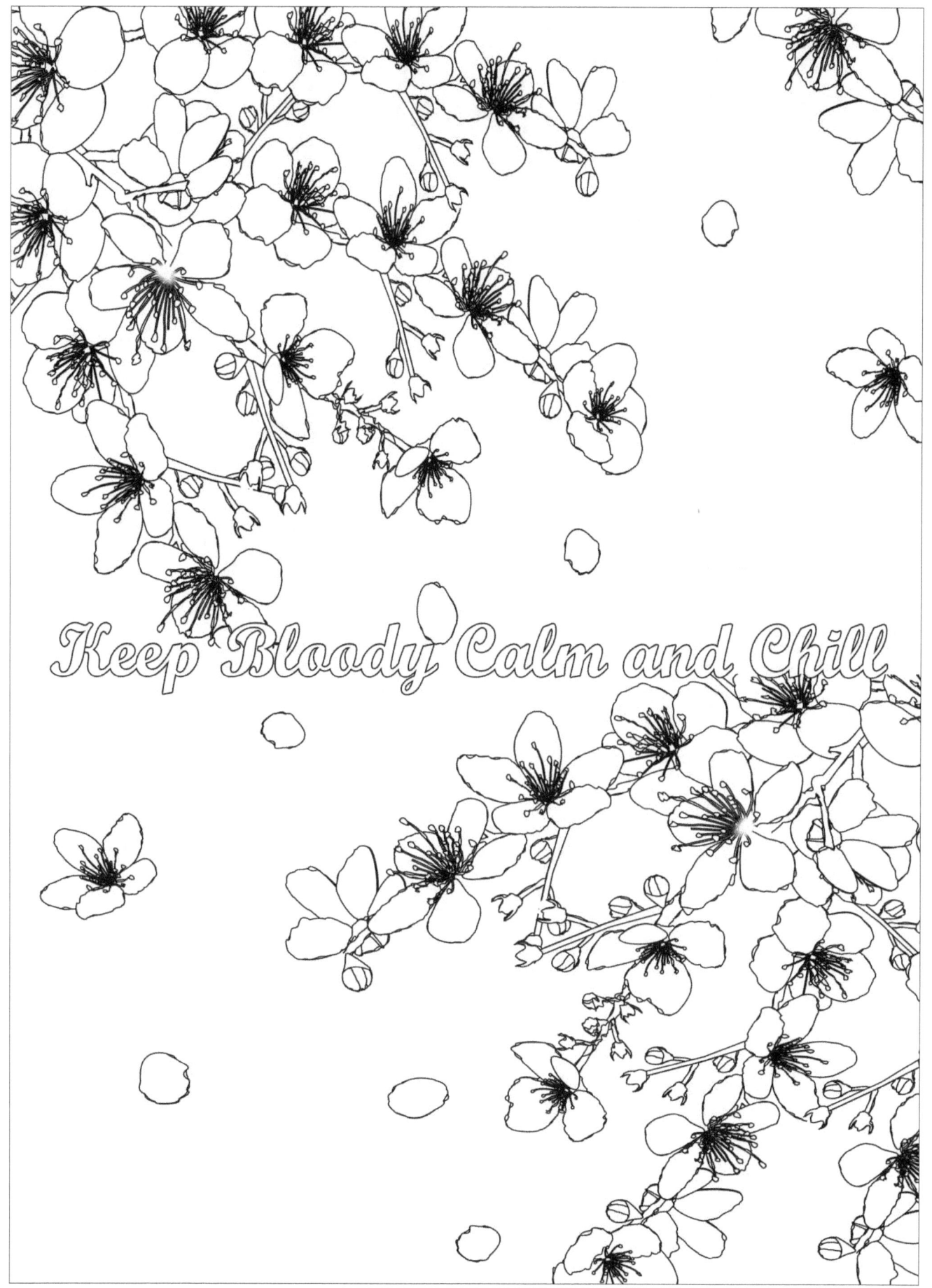

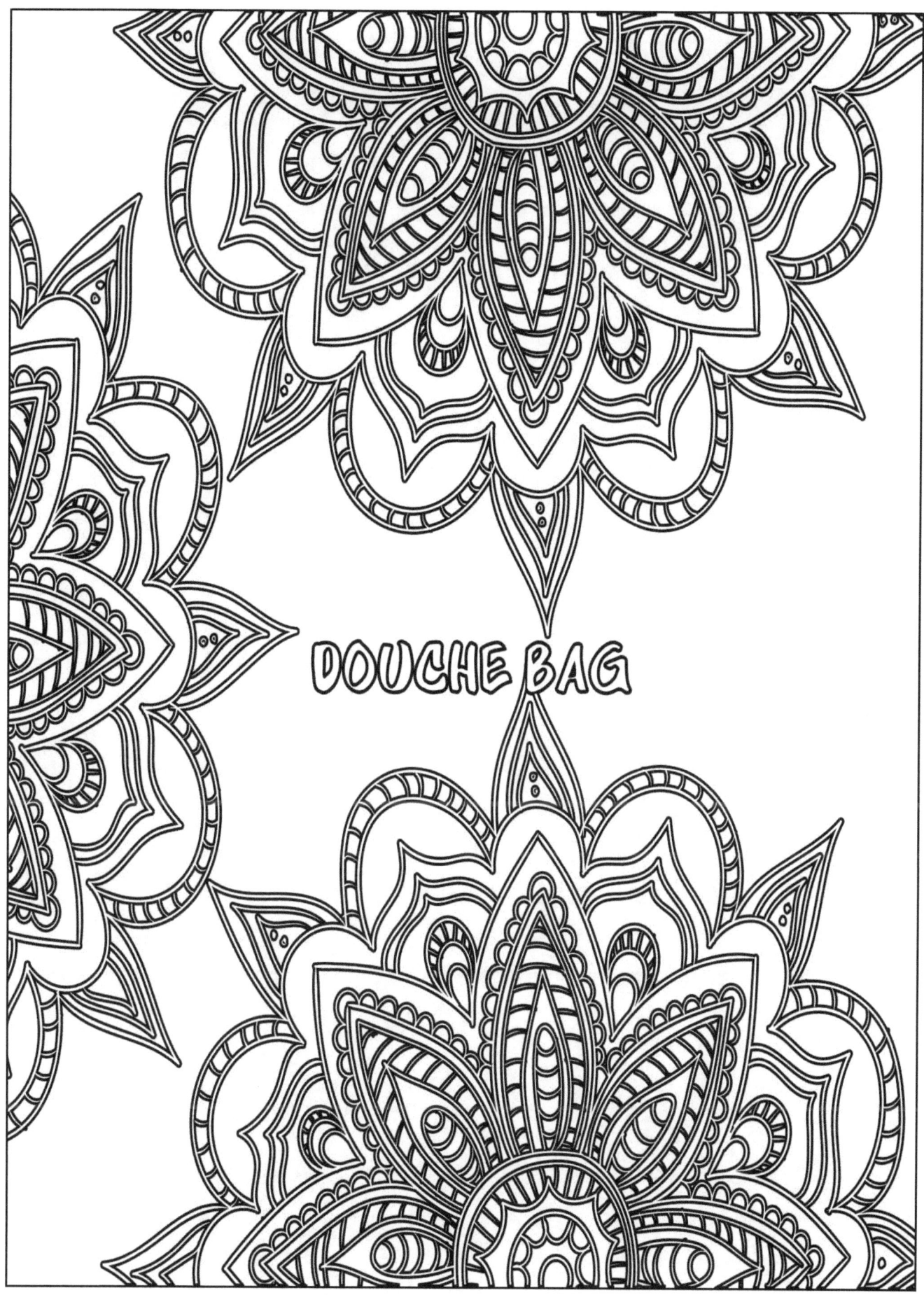

DOUCHE BAG

CALM THE FUCK DOWN

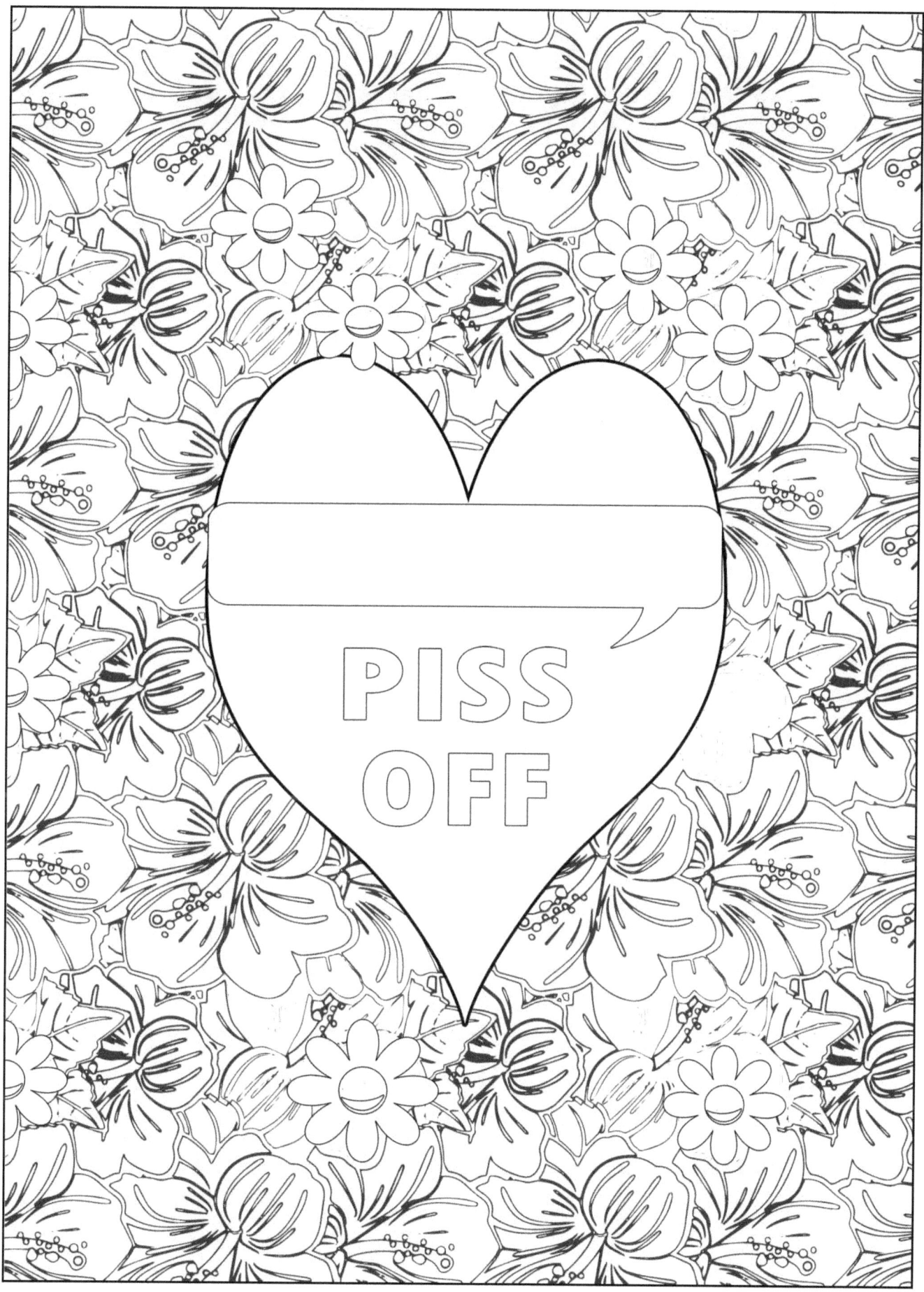

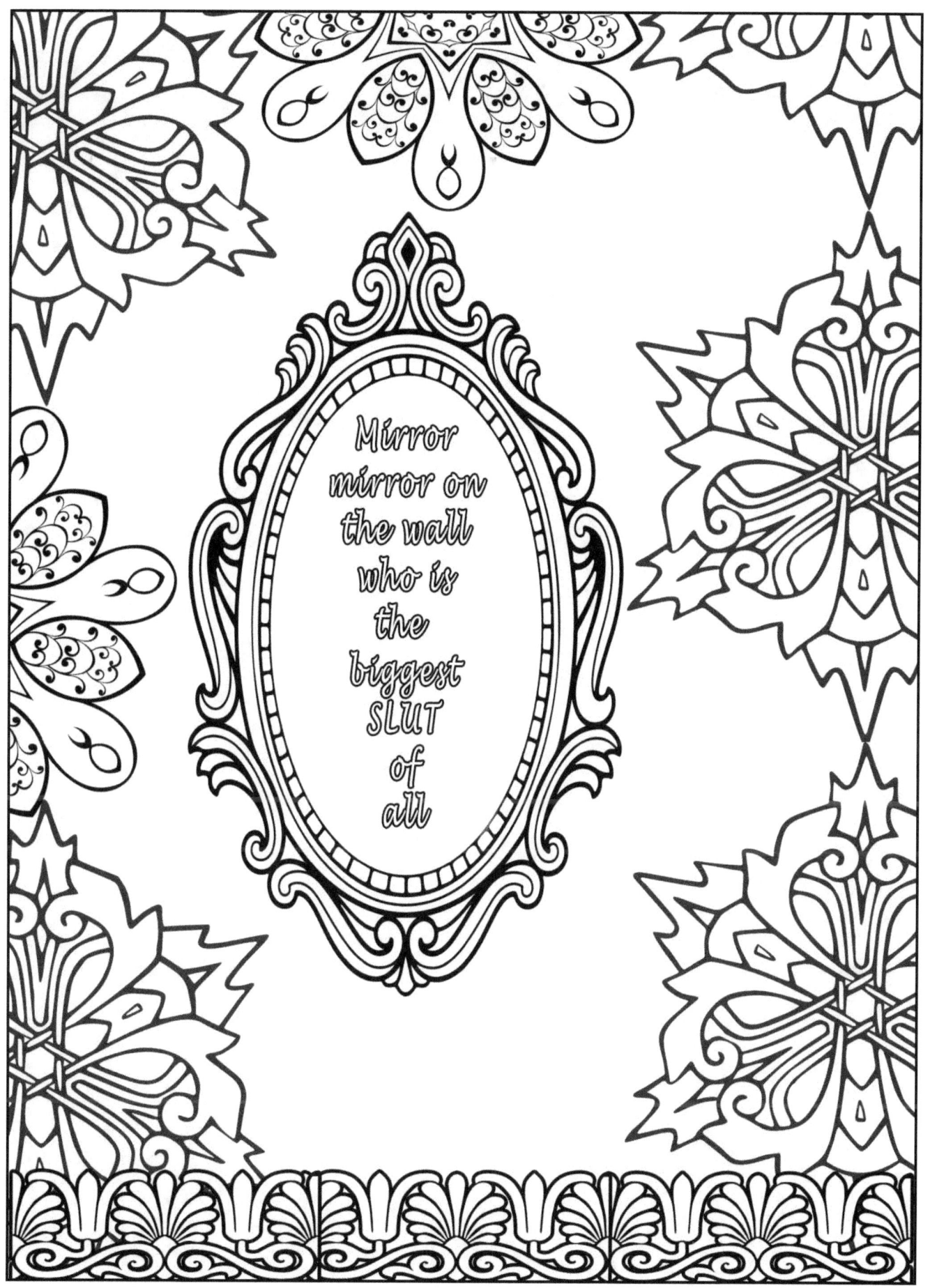

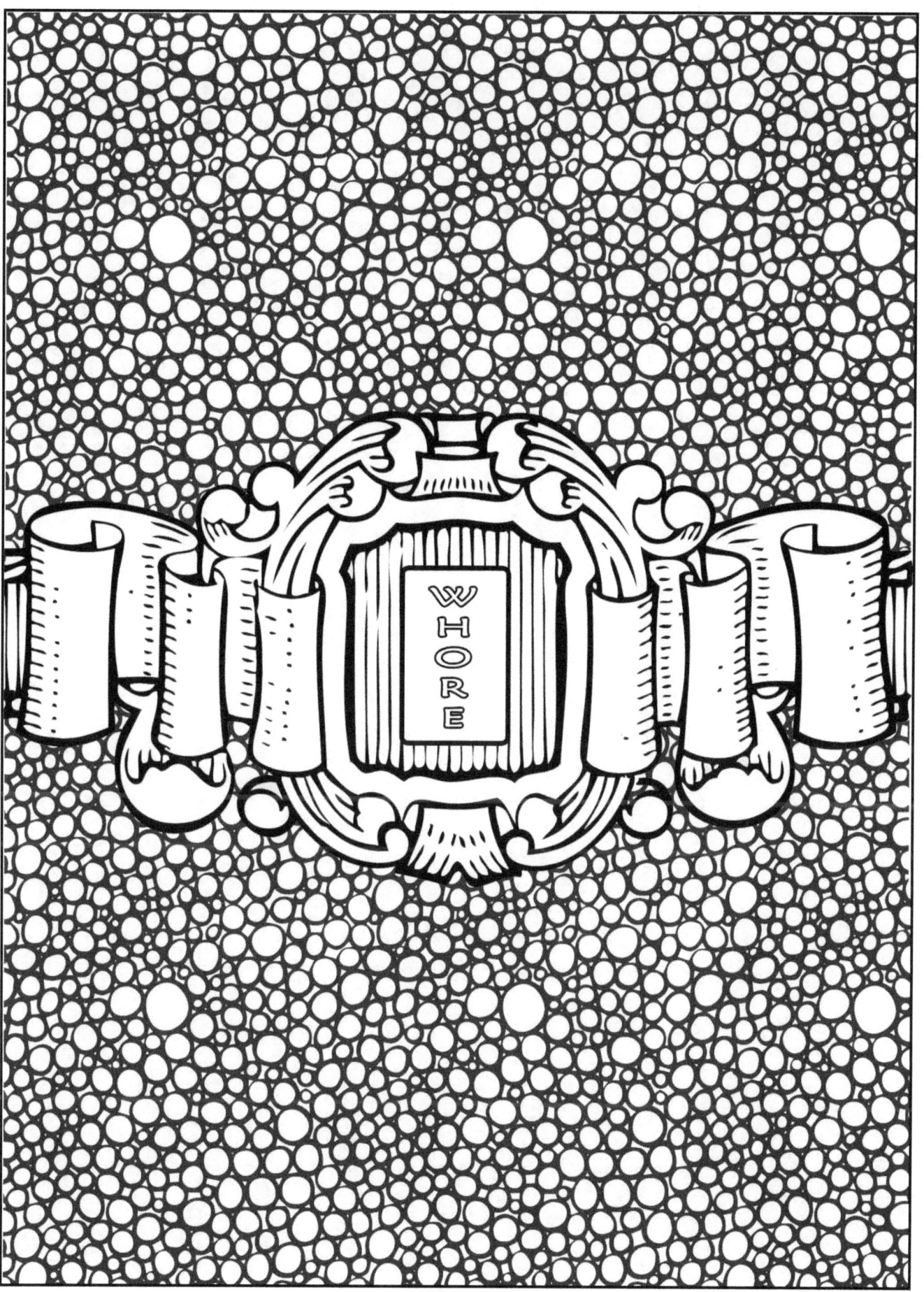

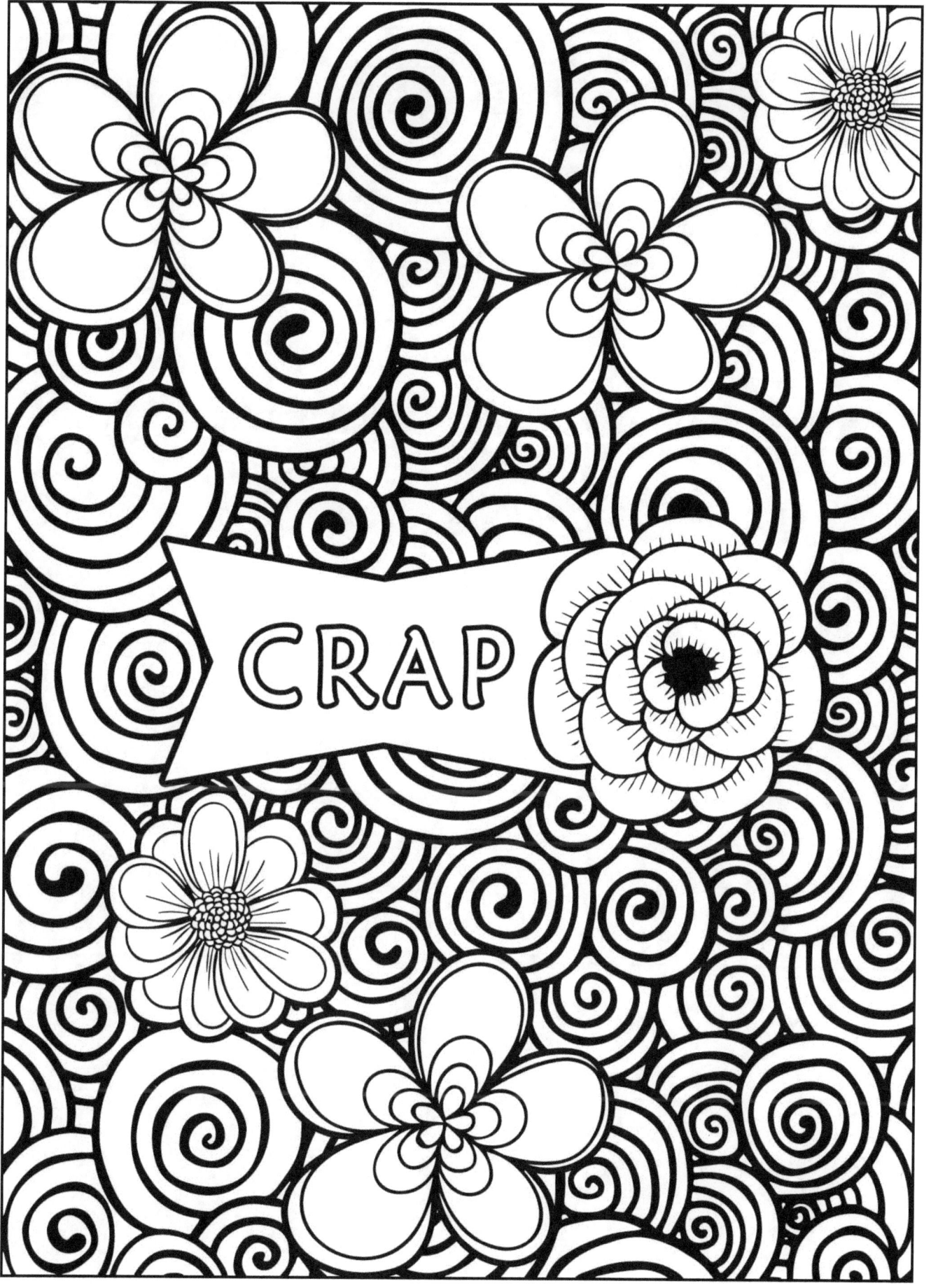

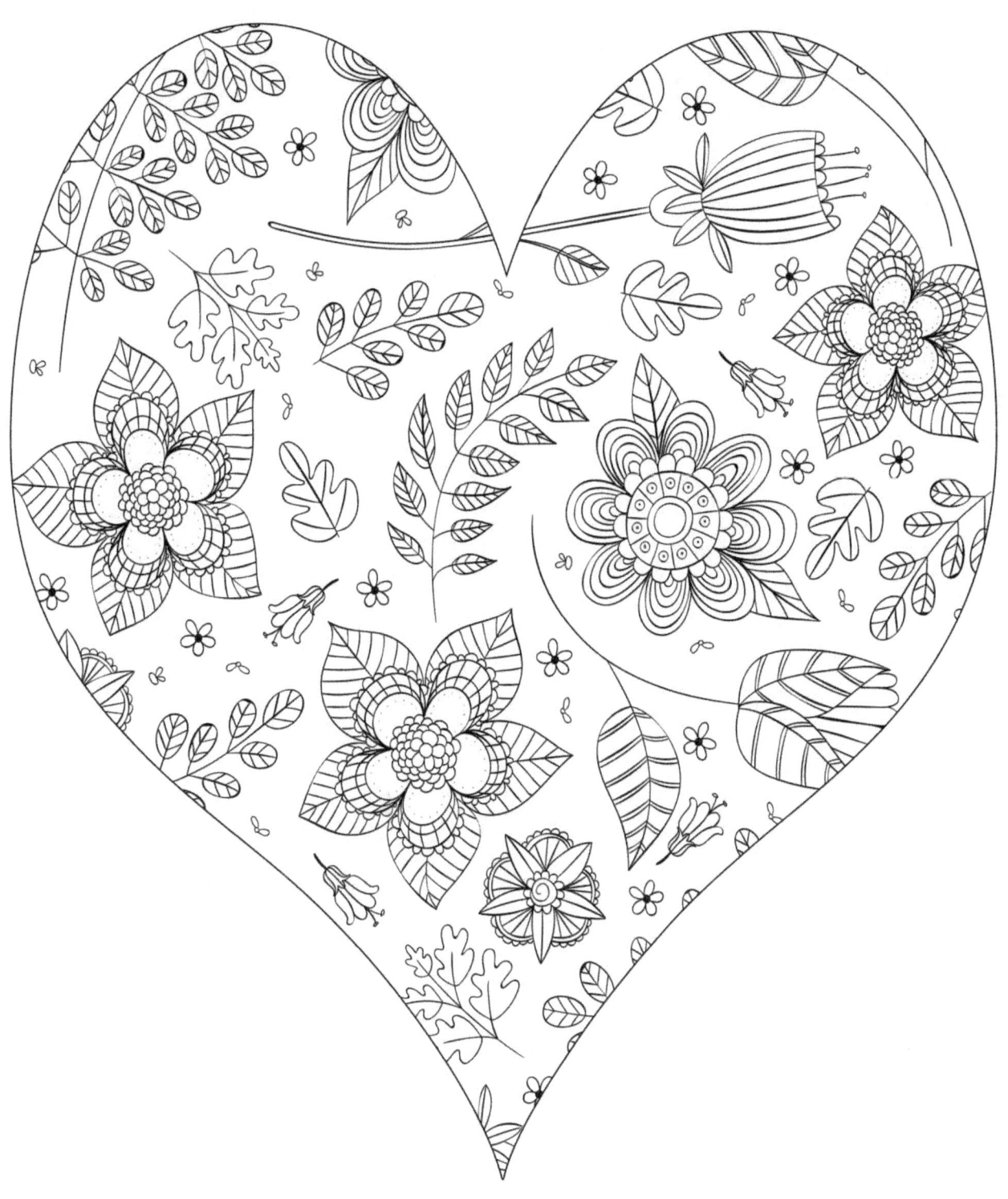

Silly Ass Bitch

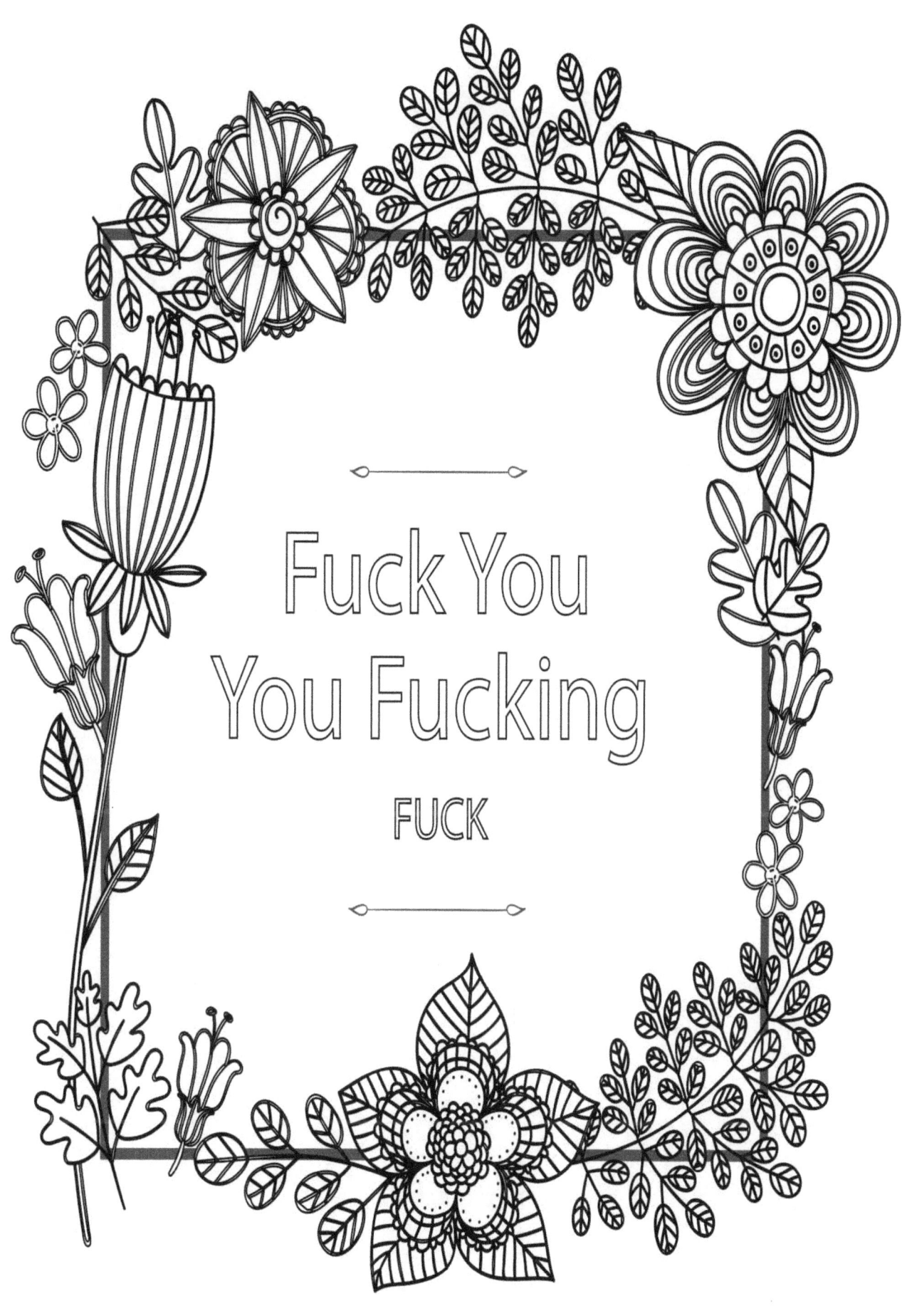

Fuck You
You Fucking
FUCK

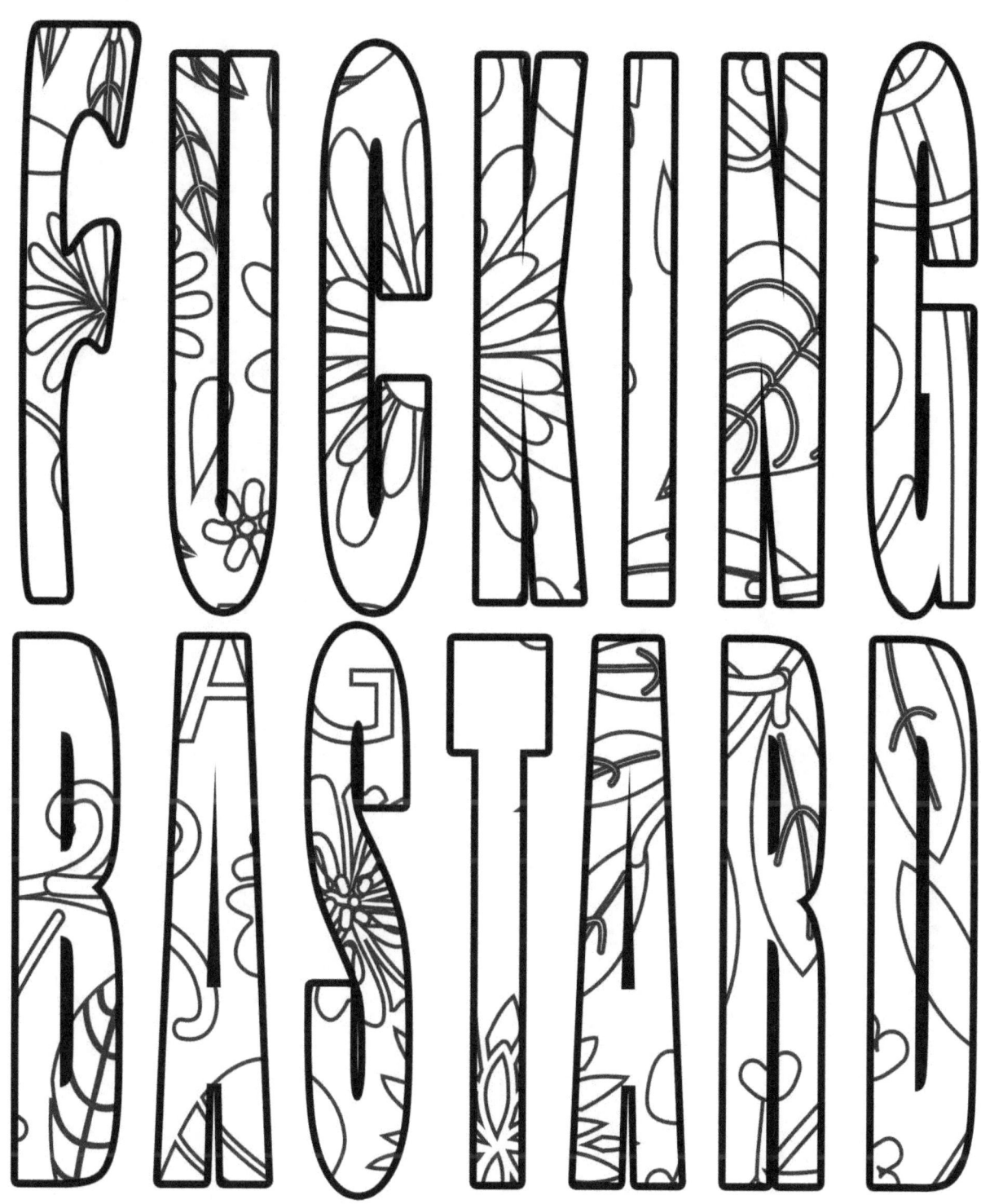

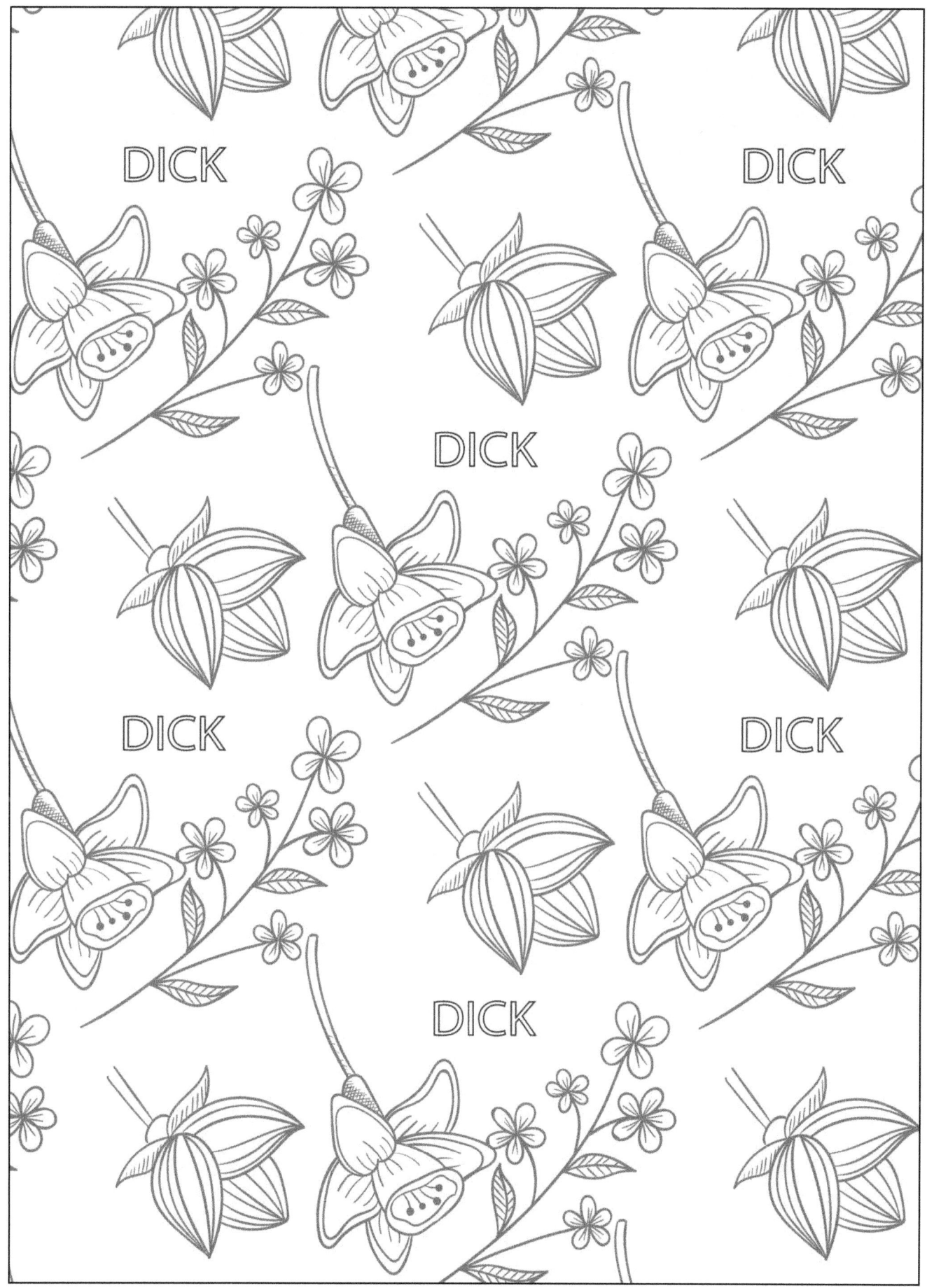

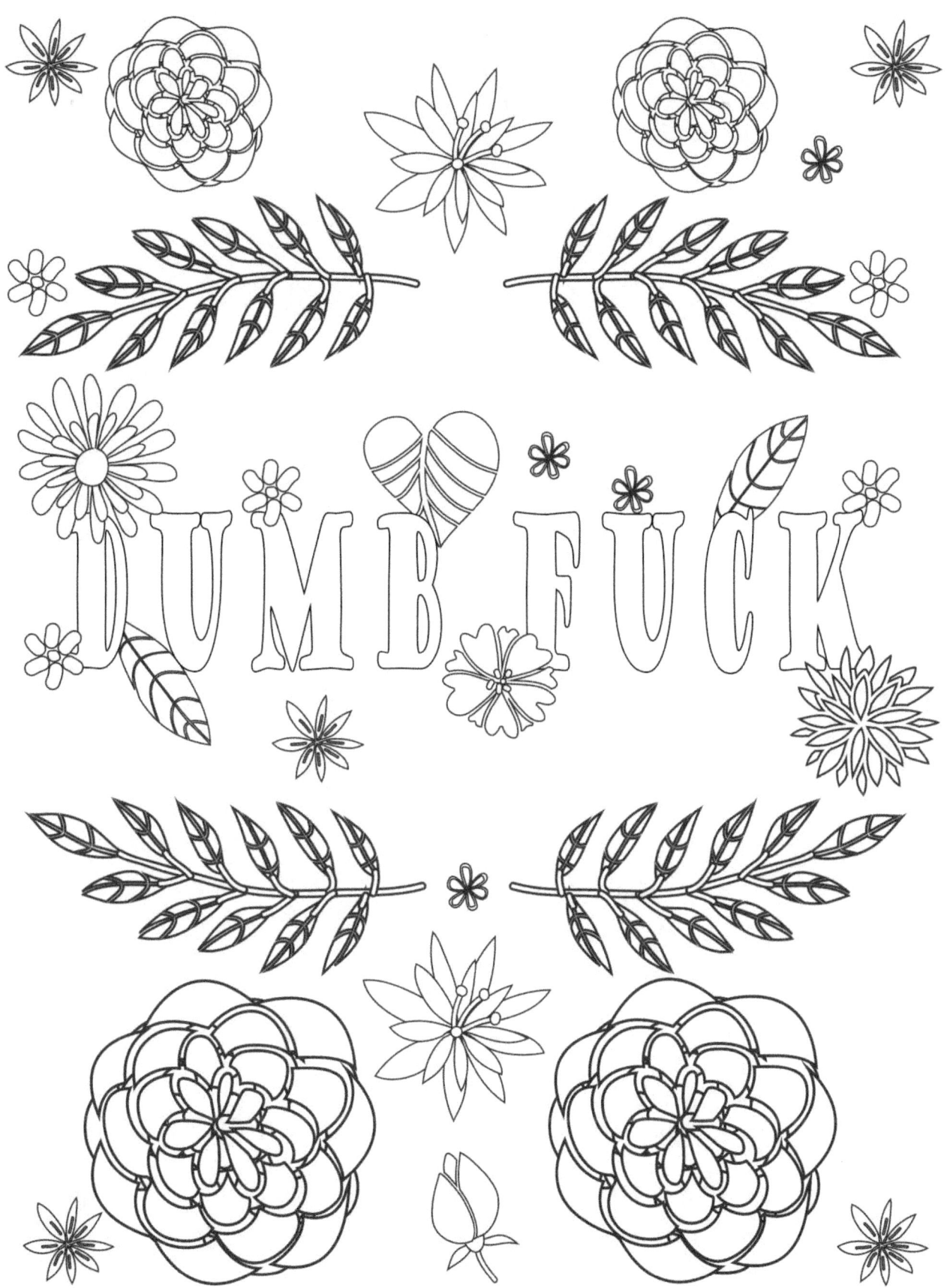

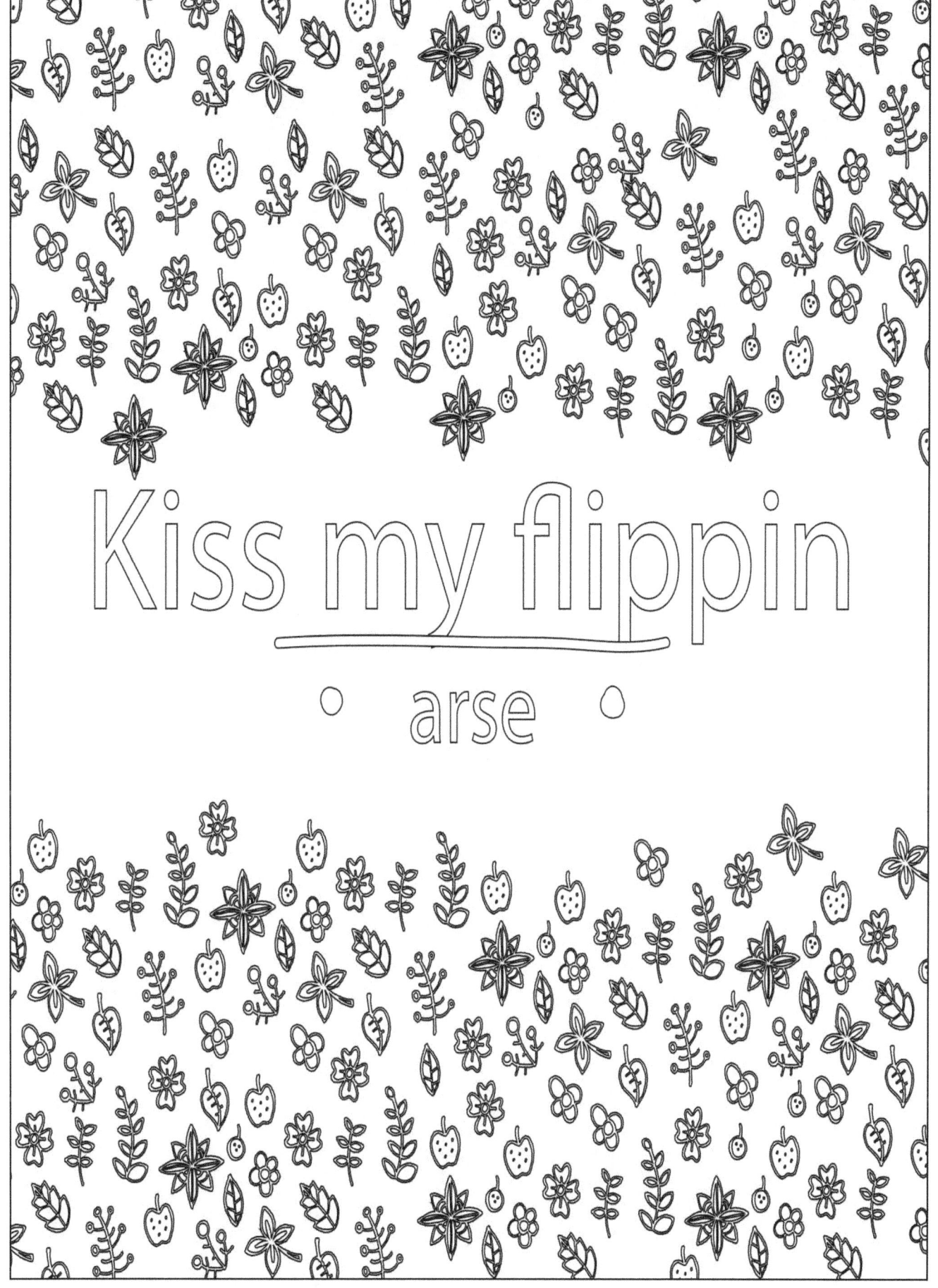

Kiss my flippin
arse

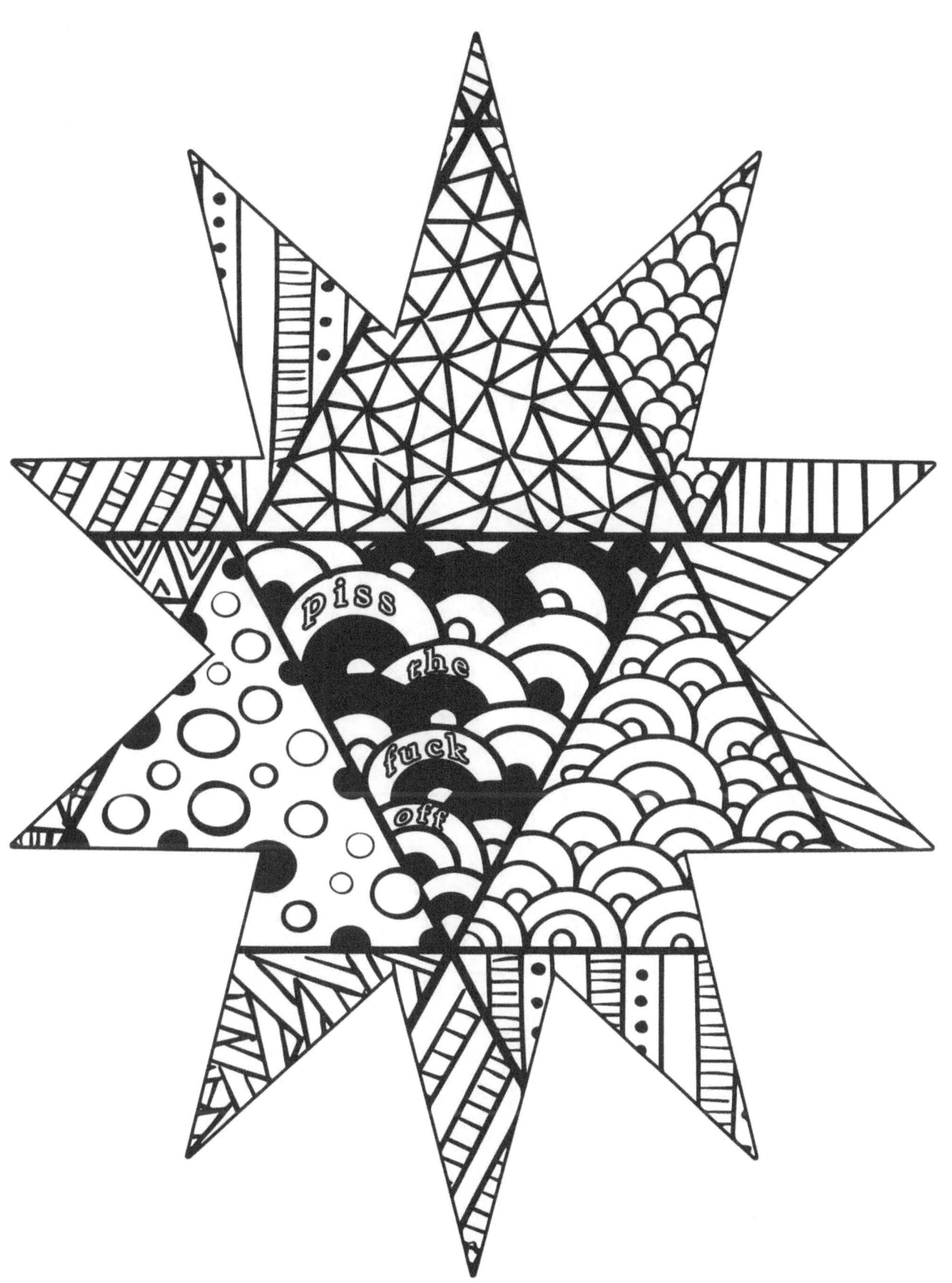

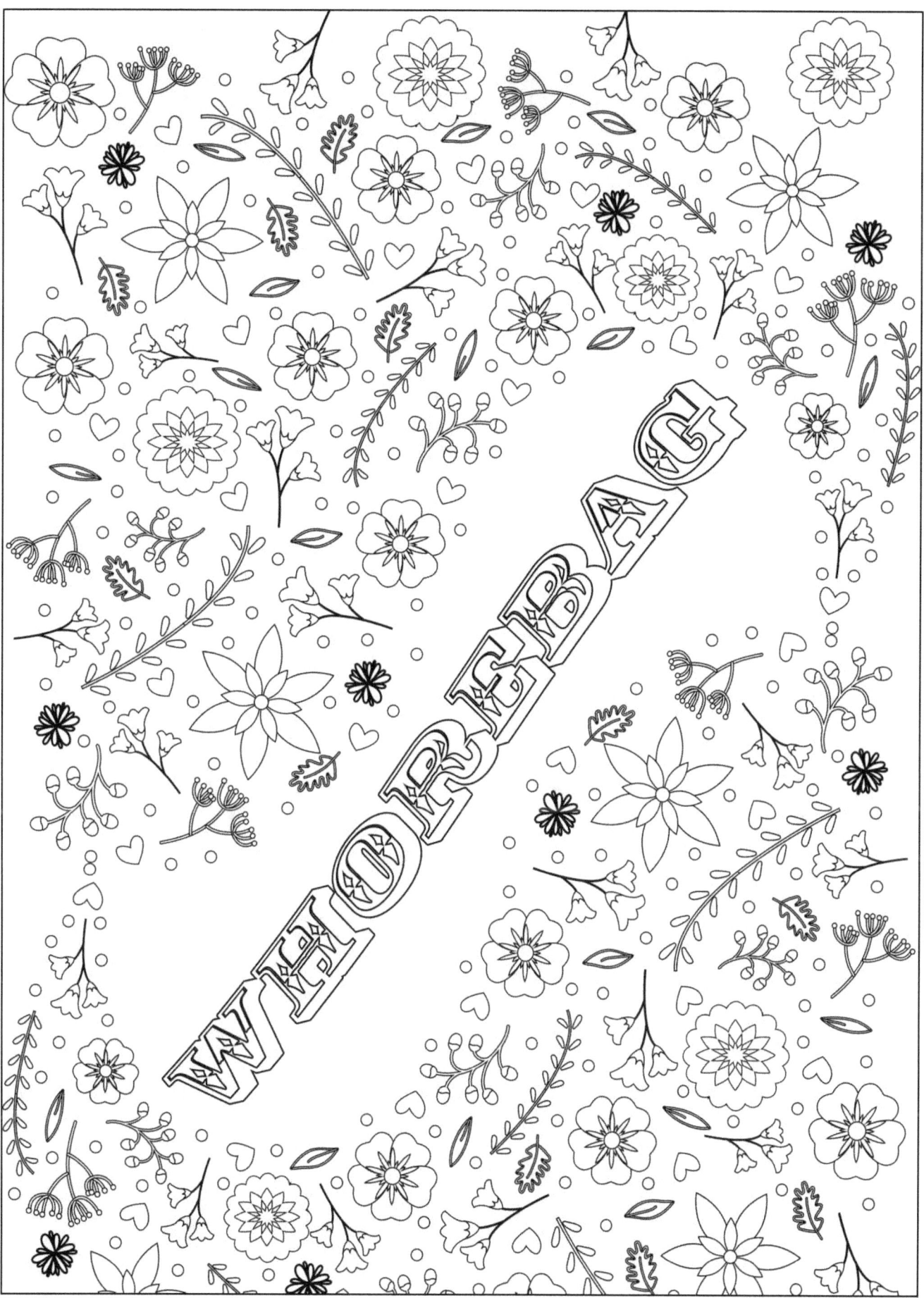

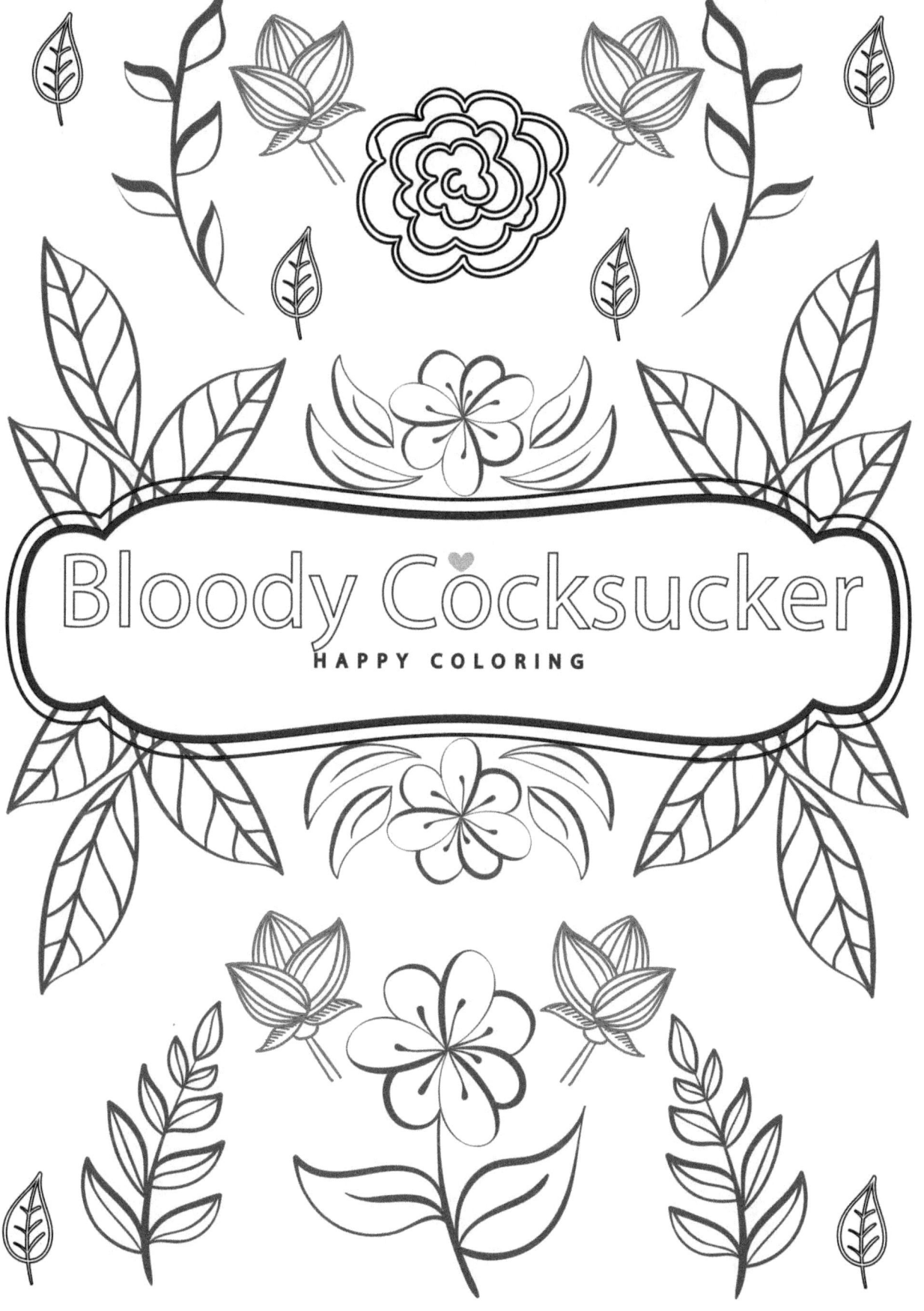

Bloody Cocksucker

HAPPY COLORING

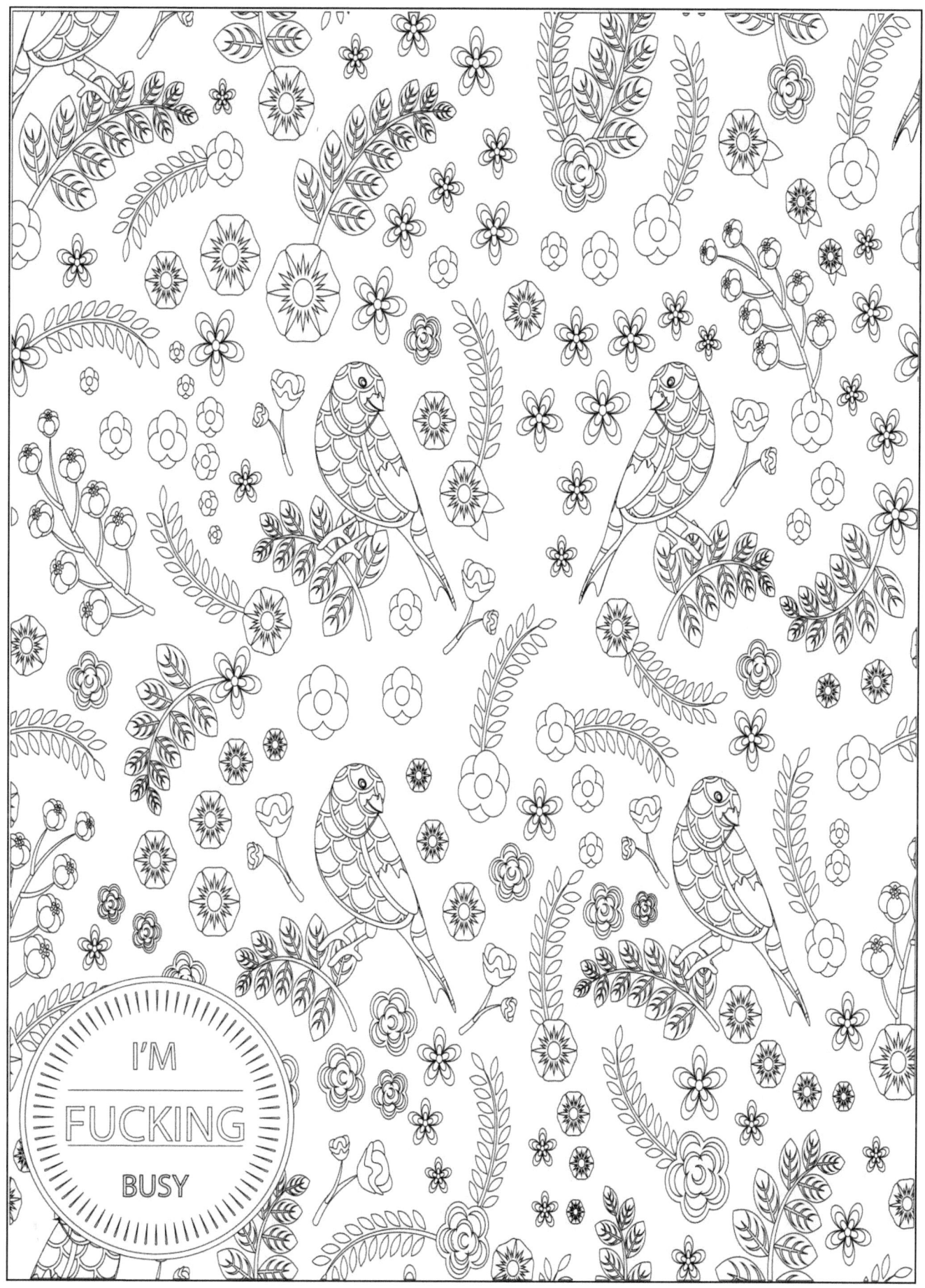